GR 10 / 10 C

GW01459394

Traversée des Pyrénées
PYRÉNÉES CENTRALES
Val d'Azun - Réserve de Néouvielle
Parc national des Pyrénées

GR 10 : d'Arrens à Melles : 290 km, 15 jours de marche.
GR 10C : du GR 10 aux Artigues-de-Gripp : 12 km, 1 jour.
GR 101 : de Lourdes au col de Saucède : 30 km, 2 jours.
GR de Pays Tour du Val d'Azun : 45 km, 5 jours.

Paris Henri Le
Perpignan
25th June '03

FF*R*P

Fédération **F**rançaise de la **R**andonnée **P**édestre

association reconnue d'utilité publique
14, rue Riquet
75019 PARIS

Sommaire

Les itinéraires

Découverte

Estarvielle. *Photo E. Follet.*

Tableau des ressources

retour	aller	LOCALITÉS / RESSOURCES	Pages	🏠	🏘	⛺	🛒	🍴	🚌	🚆
		ARRENS **GR 10**	27	•	•	•	•	•	•	
1.30	1.40	VIEUX-MOULIN	27		•					
0.20	0.30	VIELLETTES	29	•						
0.30	0.40	LAC D'ESTAING	29		•	•		•		
3.40	4.45	LAC D'ILHÉOU	31	•						
3.40	2.45	CAUTERETS	33	•	•	•	•	•	•	
5.55	5.55	GRUST (itinéraire par le col de Riou)	37	•	•			•		
0.20	0.30	THERMES DE LA RAILLIÈRE	39		•			•		
1.20	1.30	PONT-D'ESPAGNE	39		•			•		
		à 20 mn (hors GR) : REFUGE DU CLOT	39	•						
		à 2 h 35 (hors GR) : REFUGE WALLON	41	•						
0.30	0.50	LAC DE GAUBE	41		•			•		
1.20	2	REFUGE DES OULETTES DE GAUBE	43	•						
2.15	2.40	REFUGE BAYSSELLANCE	47	été 2003						
3.55	3.20	PRAIRIE DE HOLLE	49	•						
		à 30 mn (hors GR) : GAVARNIE	49	•	•	•	•	•		
1.30	1.40	GÎTE D'ÉTAPE DE SAUGUÉ	51	•		•		•		
7.40	6.20	SAINT-SAUVEUR	55	•				•		
0.40	0.40	LUZ SAINT-SAUVEUR	55	•	•	•	•	•	•	
2.35	3.20	GÎTE D'ÉTAPE DU BÔLOU (hors GR)	59	•						
2.25	2.10	BARÈGES	59	•	•	•	•	•	•	
3.05	3.05	REFUGE D'ORÉDON (hors GR)	63	•						
7.10	5.30	VIELLE-AURE	67		•		•	•	•	
0.15	0.15	BOURISP	67			•				
1.15	1.15	AZET	71	•		•		•		
2.20	2.50	ADERVIELLE (hors GR)	71	•		•				
3.20	2.40	LOUDENVIELLE	73	•		•	•	•		
0.50	1.10	GERM	73	•		•				
5.50	5.25	GRANGES D'ASTAU	79	•				•		
1	1.15	LAC D'OÔ	79	•				•		
1.20	1.35	REFUGE D'ESPINGO (hors GR)	79	•						
4	4.15	SUPERBAGNÈRES (hors GR)	83		•					
3.30	2.30	BAGNÈRES-DE-LUCHON	83	•	•	•	•	•	•	•
11.30	11.30	FOS	89	•	•	•		•	•	
1.15	1.15	MELLES	89		•			•		
		REFUGE DE BASTAN **GR 10 C**	91	•						
1.40	1.45	REFUGE DE CAMPANA	91	•						
4.30	3	ARTIGUES-DE-GRIPP	93	•	•	•		•	•	
		LOURDES **GR 101**	95	•	•	•	•	•	•	•
7.10	7.40	HAUGAROU	97	•						
2.45	2.30	COL DU SOULOR	99					•		
		ARRAS-EN-LAVEDAN **GRP**	103		•	•	•	•		
4.45	4.45	LES VIELLETTES	103	•						
5	4.30	ARRENS-MARSOUS	105	•	•	•		•	•	
4.45	4.50	ARBÉOST	107	•						
3.45	5	HAUGAROU	111	•						
5.50	5.50	ARRAS-EN-LAVEDAN	111		•	•	•	•		

Idées rando

🏠	Gîte, refuge	🚌	Cars
🏨	Hôtel	🚆	Gare SNCF
⛺	Camping	☕	Café*
🛒	Ravitaillement	🏠	Abri*
🍴	Restaurant		

ne figurent que dans le descriptif

Trois jours (GR 10)
1. Arrens - Viellette, 2 h 10.
2. Viellette - lac d'Ilhéou, 5 h 30.
3. Lac d'Ilhéou - Cauterets, 2 h 45.
Voir pages 27 à 33.

Cinq jours (GRP Tour du Val d'Azun)
1. Arrens-Marsous – Arbéost, 4 h 50.
2. Arbéost – Haugarou, 5 h.
3. Haugarou – Arras-en-Lavedan, 5 h 20.
4. Arras-en-Lavedan – Les Viellettes, 3 h 25.
5. Les Viellettes – Arrens-Marsous, 4 h 30.
Voir pages 103 à 111.

Boucle de cinq jours à partir de Cauterets (Tour des Hautes Vallées des Gaves par le GR 10) :
Praticable à partir de l'été 2003, date de réouverture prévue du refuge de Bayssellance, actuellement fermé pour travaux.
1. Cauterets - Les Oulettes de Gaube, 4 h 50.
2. Les Oulettes de Gaube-Bayssellance, 2 h 40 + hors GR au Petit Vignemale, 2 h.
3. Bayssellance - Saugué, 7 h.
4. Saugué - Grust, 7 h 30.
5. Grust - Cauterets, 6 h.
Voir pages 39 à 55 et 37.

Cauterets, lac de Gaube. *Photo Morel / ADTHP.*

Huit jours (GR 10)
1. Luz-Saint-Sauveur - Barèges, 5 h.
2. Barèges - Chalet d'Orédon, 7 h.
3. Chalet d'Orédon - Refuge du Bastanet, 4 h 45.
4. Refuge du Bastanet - Azet, 7 h 10.
5. Azet - Germ, 4 h.
6. Germ - Granges d'Astau, 5 h 25.
7. Granges d'Astau - Espingo, 2 h 45.
8. Espingo - Luchon, 6 h 30.
Voir pages 55 à 83.

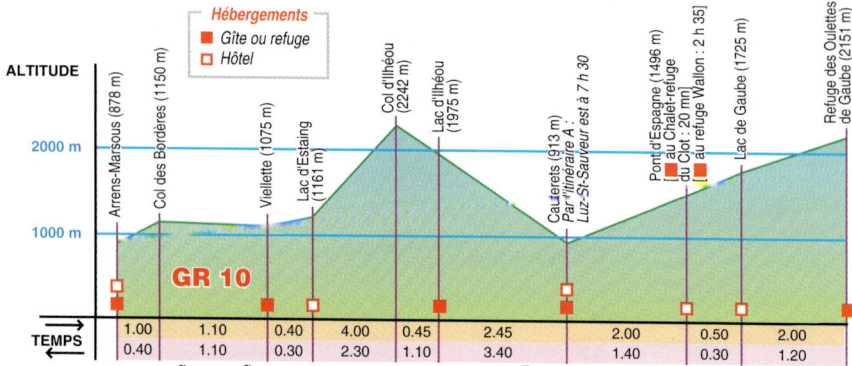
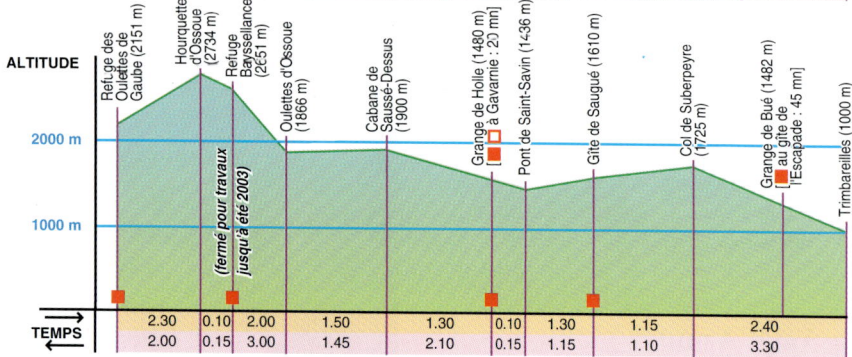

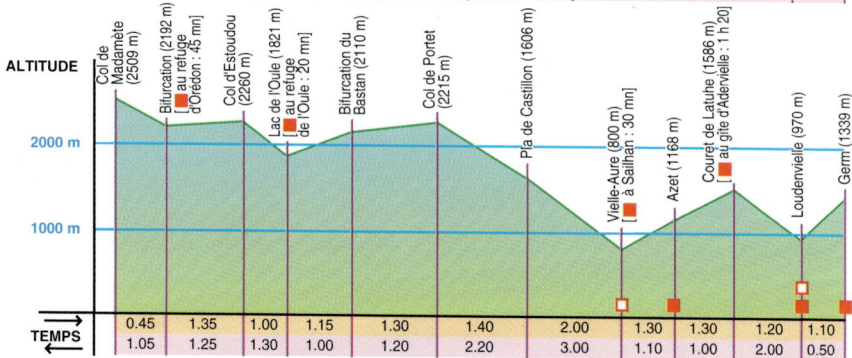

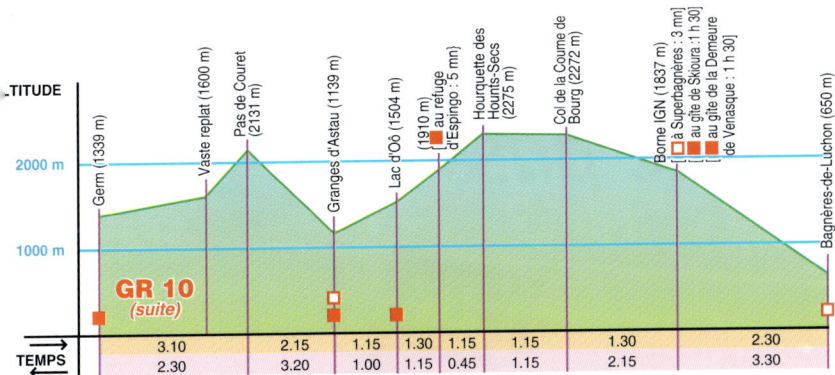

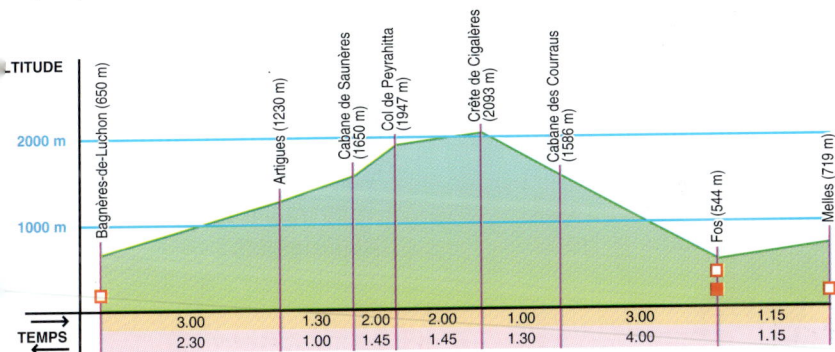

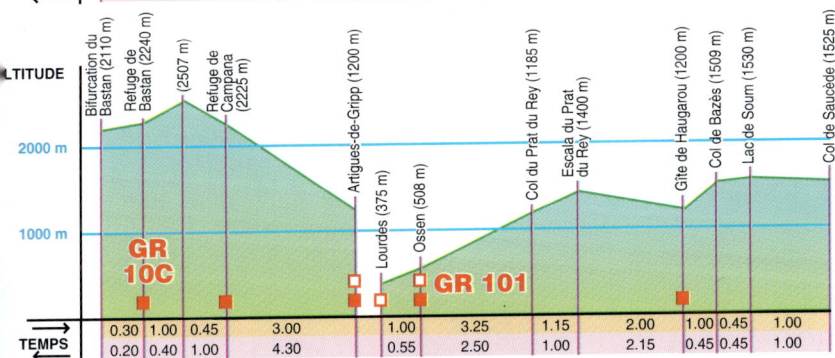

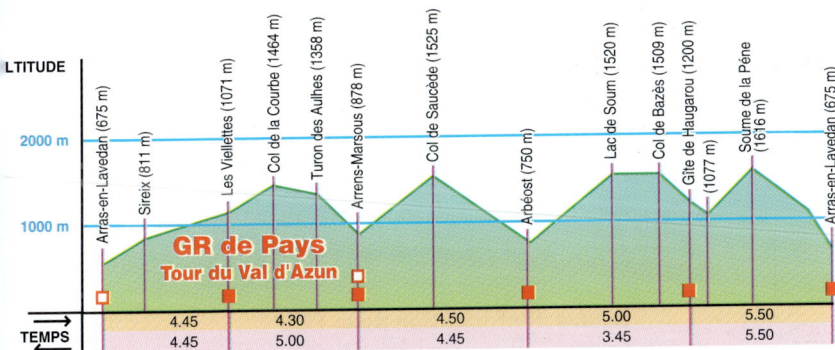

© FFRP - Reproduction interdite

La randonnée : une passion *FFRP* !

Des sorties-randos accompagnées, pour tous les niveaux, sur une journée ou un week-end : plus de 2000 associations sont ouvertes à tous, dans toute la France.

Un grand mouvement pour promouvoir et entretenir les 180 000 km de sentiers balisés. Vous pouvez vous aussi vous impliquer dans votre département.

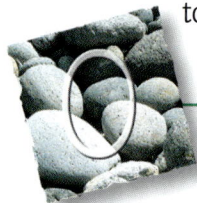

FFRP

Des stages de formations d'animateurs de randonnées, de responsables d'association ou encore de baliseurs, organisés toute l'année.

Une garantie de sécurité pour randonner bien assuré, en toute sérénité, individuellement ou en groupe, grâce à la licence FFRP ou à la RandoCarte.

Pour connaître l'adresse du Comité de votre département, pour tout savoir sur l'actualité de la randonnée et découvrir la collection des topo-guides :

www.ffrp.asso.fr

Centre d'Information de la FFRP
14, rue Riquet 75019 Paris - Tél : 01 44 89 93 93
Ouvert du lundi au samedi de 10h à 18h.

Infos pratiques

Le guide et son utilisation

La description des itinéraires est présentée en regard de la reproduction de la carte IGN au 1 : 50 000 correspondante où le tracé du sentier est porté en rouge. En règle générale, les cartes sont orientées Nord-Sud (le Nord étant donc en haut de la carte). Dans le cas contaire, la direction du Nord est indiquée par une flèche en rouge.

Sur les cartes et dans la description des itinéraires, à côté de certains points de passage, sont mentionnés des repères ; ils permettent de situer ces lieux avec plus de précision.

Un plan de situation général permettant de visualiser les itinéraires est présenté dans le rabat de la couverture. Un tableau (p. 4) recense une grande partie des ressources : ravitaillement, restaurant, transports, etc.

> Les temps de marche indiqués dans ce guide correspondent à une marche effective d'un marcheur moyen, sans pause ni arrêt. La vitesse moyenne est d'environ 4 km / h.
> Sur un parcours comportant un dénivelé important, le calcul est différent : à la montée 250 à 300 m par heure, à la descente 300 à 400 m par heure. Chacun adaptera son rythme en fonction de son chargement, de la météo…
> Les temps de parcours du GR Tour du Val d'Azun, conçu pour la randonnée familiale, ont été calculés sur une vitesse moyenne d'environ 2 km / h.

Réalisation

Le GR 10 dans les Hautes-Pyrénées et l'Ouest de la Haute-Garonne a été créé en 1963. Jean Adisson (†) a coordonné pendant de nombreuses années le suivi de la partie Hautes-Pyrénées. Le balisage et l'entretien sont assurés dans les Hautes-Pyrénées par Pierre Lebeau et l'équipe de baliseurs bénévoles ; ils bénéficient de l'appui financier du Conseil général des Hautes-Pyrénées. Dans la Haute-Garonne, le balisage et l'entretien sont assurés par Pierre Lasnet et son équipe de baliseurs.
La FFRP remercie l'Agence départementale du Tourisme des Hautes-Pyrénées (HPTE) qui a fourni certaines des photos de cet ouvrage.
Le Parc National des Pyrénées assure l'entretien du balisage sur son emprise et dans la Réserve naturelle du Néouvielle. Les renseignements pour la mise à jour de cette édition ont été fournis par MM. Lebeau et Morlais (Hautes-Pyrénées), et par MM. Lasnet et Mercier (Haute-Garonne).
Les renseignements pour le GR de Pays Tour du Val d'Azun ont été fournis par l'Association des Gîtes d'Etapes du Val d'Azun.

Direction des éditons et des collections : Dominique Gengembre. **Secrétariat d'édition :** Philippe Lambert, Janine Massard et Nicolas Vincent. **Cartographie et fabrication :** Jérôme Bazin, Olivier Cariot, Frédéric Luc, Matthieu Avrain et Delphine Sauvanet.

Balisage et itinéraire

Le balisage de cet itinéraire (blanc-rouge pour les GR 10 et 101, jaune-rouge pour le GR de Pays Tour du Val d'Azun) est, par endroit, réduit à l'essentiel, ou peut être couvert par la neige. L'habitude de la lecture de carte est nécessaire.

La description du parcours faite dans ce topo-guide correspond au balisage sur le terrain.

Toutefois, dans le cas de modifications (rendues nécessaires par l'exploitation agricole ou forestière, le remembrement, les travaux routiers, etc.), il faut suivre le nouveau balisage même s'il ne correspond plus à la description.

Ces modifications, quand elles ont une certaine importance, sont disponibles, sur demande, au Centre d'informations Sentiers et randonnées (tél. 01 44 89 93 93) et sur le site internet www.ffrp.asso.fr.

Les balisages et les descriptions d'itinéraires n'ont pour objet que de faciliter aux utilisateurs le repérage sur le terrain et le choix d'un itinéraire intéressant. Mais c'est au randonneur d'apprécier ses capacités physiques compte tenu des conditions du moment (intempéries, état du sol…) et de la description faite dans le topo-guide.

Les renseignements fournis dans ce topo-guide, exacts au moment de l'édition de l'ouvrage, n'ont qu'une valeur indicative et n'engagent en aucune manière la responsabilité de la FFRP.

Le randonneur reste seul responsable, non seulement des accidents dont il pourrait être victime, mais des dommages qu'il pourrait causer à autrui tels que feux de forêts, pollutions, dégradations…

Le randonneur a intérêt à être bien assuré. La FFRP et ses associations délivrent une licence incluant une assurance adaptée.

Equipement

Le climat de la montagne est rude, il est indispensable de prévoir même en été des vêtements chauds et imperméables, ainsi que de bonnes chaussures de marche, montantes et étanches. Il sera prudent de se munir d'une boussole et d'un altimètre en raison des brouillards fréquents et soudains.

Période conseillée

Le passage des cols élevés est en général possible de juin à octobre, mais peut présenter des difficultés. N'hésitez pas à vous renseigner sur l'état d'enneigement avant votre départ.

De la mi-juin à la mi-juillet, du début septembre à la mi-octobre, vous aurez des périodes très agréables, sans affluence, mais des refuges qui pourront être fermés.

Dans ses points les plus hauts, le GR de Pays Tour du Val d'Azun dépasse 1500 mètres. L'enneigement est relativement important en hiver. Il est praticable de début mai à la mi-novembre, sauf année exceptionnellement enneigée.

Difficultés

L'attention du randonneur est attirée sur le fait que tout ou partie de l'itinéraire faisant l'objet du présent ouvrage peut présenter des difficultés sérieuses ou même des impossibilités de parcours, eu égard à l'altitude, à l'époque et à la saison (enneigement) ou aux circonstances atmosphériques (brouillard, orage, etc…).
Les tronçons de sentiers en cause ne peuvent être indiqués à l'avance d'une façon certaine et le balisage ne doit pas inciter le randonneur à un optimisme dangereux.

▶ Il vous est recommandé :
• de *ne pas partir seul,* de *ne pas quitter les sentiers* ;
• de veiller à *ne pas provoquer de chute de pierres ;*
• d'*avoir un ravitaillement*, un *équipement*, un *entraînement* adaptés à votre parcours (vêtements chauds et imperméables, chaussures de montagne à tiges montantes, lunettes de soleil…).
▶ Attention : les chiens, même tenus en laisse, sont interdits dans le Parc National et dans la Réserve naturelle de Néouvielle.
En zone pastorale, des arrêtés municipaux imposent la tenue en laisse des chiens.
Une boussole et un altimètre sont à conseiller en raison des possibilités de brouillard en toutes saisons.

Les efforts à prévoir sont très mesurés (étapes de 4 à 9 h de marche au maximum). Partir toujours tôt, ne pas craindre de partir au lever du jour, vous bénéficierez de la fraîcheur pour les premières heures de montée et vous pourrez surprendre des animaux : isards, marmottes, oiseaux… ; par beau temps, vous pourrez vous arrêter plus longtemps pour admirer le paysage, la faune et la flore. En cas d'incident vous serez sûr d'arriver assez tôt à l'étape pour ne pas inquiéter ceux qui vous savent en marche. Méfiez-vous des névés qui peuvent se trouver sur l'itinéraire.

Il est demandé aux randonneurs de ne pas utiliser, tant à la montée qu'à la descente, les raccourcis qui engendrent les naissances de ravines que les eaux de ruissellement amplifient rapidement, ce qui peut avoir des résultats catastrophiques sur l'état du sol, la pérennité de la végétation et la survie du sentier.

Cartographie

Bien que le tracé soit porté sur les fonds de cartes en couleur de l'IGN au 1 : 50 000, les cartes suivantes sont utiles :
• cartes IGN au 1 : 25 000 : 1647 ET, 1647 OT, 1748 OT, 1848 OT, 1947 OT.
• carte IGN au 1 : 100 000 : série verte, n° 70.
• carte Michelin : n° 85
• carte Randonnées Pyrénéennes n° 4 Bigorre et n° 5 Luchon.

> La FFRP ne vend pas de cartes. Pour les cartes IGN, s'adresser à l'Institut géographique national, *Espace IGN*, 107, rue de la Boetie, 75008 Paris, tél. 01 43 98 85 00, ou aux agents de vente régionaux de l'IGN, ainsi que dans les librairies et les papeteries figurant sur la liste dressée par l'IGN.

Hébergements

■ Gîtes d'étape

En constante évolution depuis leur création afin de répondre au mieux aux demandes de la clientèle actuelle de la montagne, les gîtes d'étape de la chaîne se sont adaptés cas par cas et forment aujourd'hui un réseau très hétéroclite. L'absence d'homogénéité dans l'offre des prestations d'un gîte d'étape à l'autre est un facteur négatif qui interdit à la clientèle d'accorder pleinement sa confiance à l'appellation gîte d'étape. Pour permettre aux pratiquants d'activités de pleine nature de s'y retrouver et d'identifier clairement ces hébergements, une campagne de labellisation est réalisée à partir d'une grille de classement. Ainsi, les hébergements «bas de gamme» n'obtiennent pas le label.

On retrouve donc aujourd'hui sur la chaîne deux types de gîtes d'étape :
- les gîtes d'étape Rando Plume (confort amélioré) ;
- les gîtes d'étape.

Ces structures ouvertes toute l'année pour la plupart sont souvent implantées chez l'habitant et dans les bâtiments anciens dont on s'est efforcé de garder le caractère traditionnel. Elles favorisent les échanges autour de la table commune ou de la cheminée. Vous pouvez soit prendre des repas, soit préparer vous-mêmes votre dîner.

Les gîtes du GR de Pays Tour du Val d'Azun sont des hébergements pour les randonneurs… Ouverts toute l'année, ils sont gérés par les habitants permanents de la montagne à qui ils appartiennent. D'une quinzaine de places en moyenne, ils comprennent une salle de séjour avec cheminée, un coin cuisine, des sanitaires et un ou plusieurs dortoirs avec lits ou bat-flanc. Possibilité d'approvisionnement sur place. Le gérant propose des casse-croûte, voire des repas à la table familiale.
Compte tenu de la fréquentation, il est nécessaire de réserver.

■ Refuges

Les dates de gardiennage des refuges sont susceptibles d'être modifiées d'une année sur l'autre (*se renseigner en début et fin de saison d'été*).
De juillet à fin septembre, les refuges sont ouverts et gardés, offrant la possibilité de

couchage en bat-flanc et de restauration. En dehors de cette période, une partie non gardée sommairement aménagée dite "refuge d'hiver" reste ouverte en permanence.

Le refuge n'est pas un hôtel, il est destiné à l'accueil des montagnards de passage, on peut soit y manger ses provisions, soit y apprécier les repas préparés par le gardien. Le chalet-refuge est accessible en voiture et ne reçoit pas uniquement des randonneurs.

Compte tenu de la fréquentation importante des refuges, principalement pendant l'été, il est nécessaire de réserver à l'avance, particulièrement pour les groupes et de préciser l'effectif et les repas prévus. Ainsi, le gérant, qui peut prévoir une forte fréquentation à un moment donné, peut dissuader les groupes ou les randonneurs individuels de se rendre au refuge ce jour-là.

■ Camping

Se conformer strictement à la réglementation applicable à l'intérieur des parcs nationaux. Se renseigner auprès des autorités compétentes (gardes, maires). Dans le Parc national des Pyrénées, le camping n'est pas autorisé. Cependant, il est possible de bivouaquer : petite tente montée pour la nuit ou en cas d'intempéries, démontée dès le matin, installée à plus d'une heure de marche de tout accès motorisé. Hors du Parc national, le bivouac est en général toléré, hormis les prés non encore fauchés.

■ Hôtellerie

Les hôtels sont mentionnés dans la description des itinéraires au nom de lieu concerné.

Liste des hébergements

■ Sur le GR 10

• Arrens-Marsous (65400)
- Rando'Plume *La Maison Camélat*, 40 places, ouvert toute l'année, restauration, M. Vincent Fonvieille : tél. 05 62 97 40 94.
- Gîte d'étape Le Gipaet, 26 places, ouvert toute l'année, M. Venault, tél. 05 62 97 48 12.

• Estaing (65400)
- Gîte d'étape *Les Viellettes*, 25 places, ouvert toute l'année, restauration le soir, M. Hubert Louey : tél. 05 62 97 14 37.

• Lac d'Ilheou
- Refuge de la Comission syndicale de Saint-Savin, 40 places, ouvert du 01/06 au 01/10, possibilité d'ouverture sur demande hors saison, M. Christian Tollé : tél. 05 62 92 52 38.

• Cauterets (65110)
- Gîte d'étape *Le Pas de l'ours*, 2 rue de la Raillère, 20 places, ouvert du 15/12 au 20/04 et du 15/05 au 15/10, restauration, B. et F. Barret : tél. 05 62 92 58 07.
- Rando'Plume *Le Beau Soleil*, Rue du Maréchal Joffre, 30 places, ouvert toute l'année, restauration, C. et J.P. Florence : tél. 05 62 92 53 52.
- Gîte d'étape, *Le GR 10*, Concé, 2 km en aval de Cauterets, 20 places, J. et J.-P. Fitta : tél. 05 62 92 54 02.
- Centre du Cluquet, Avenue Domer, 60 places, ouvert du 15/06 au 15/09, couchage sous grandes tentes et bungalows, salle de cuisine.

• Pont d'Espagne (65110)
- Chalet-Refuge du Clot (hors GR 20 mn), 43 places, ouvert du 01/05 au 01/10 et du 01/12 jusqu'à Pâques, M. C. Seyres : tél. 05 62 92 61 27.
- Refuge *Wallon Marcadau* (hors GR 2 h 15) CAF de Tarbes, 120 places, ouvert

du 01/06 au 08/10, restauration, M. Badie :
tél. 05 62 92 64 28.

• Oulettes de Gaube
- Refuge CAF de Lourdes, 75 places,
ouvert du 01/05 au 15/10 (un local reste
ouvert en permanence), restauration,
Mme Depeyre : tél. 05 62 92 62 97.

• Bayssellance
- Refuge CAF section de Tarbes, 67 places, ouvert du 15/06 au 30/09 (un local
reste ouvert en permanence), restauration,
tél. 05 62 92 40 25, hors saison : Didier
Lacaze tél. 05 59 27 76 17. **Attention :
refuge fermé pour gros travaux.
Réouverture prévue : été 2003.**

• Gavarnie (65120)
- Chalet-Refuge CAF, *Grange de Holle*,
50 places, ouvert toute l'année sauf
novembre, restauration, M. Joseph
Thirant : (refuge) tél. 05 62 92 48 77.
- Gîte d'étape *Le Gypaète*, 45 places,
ouvert toute l'année, restauration,
M. Olivier Puyo : tél. 05 62 92 40 61.
- Maison Refuge *Jan Da Lo*, 30 places,
ouvert du 01/12 au 08/05 et du 24/06 au
22/09, M. Jon Ortego : tél. 05 62 92 40 66.

• Saugué (65120)
- Gîte d'étape, 35 places, ouvert de mai à
octobre, demi-pension possible, Mme
Françoise Millet : tél. 05 62 92 48 73.

• Gèdre (65120)
- Gîte de groupe L'Escapade, quartier
Ayrues, 28 places, ouvert toute l'année,
M. Lasserre, tél. 05 62 92 49 37.

• Grust (65120)
- Auberge *Les Bruyères*, 12
chambres, restauration. Mme Fournou :
tél. 05 62 92 83 03.
- Gîte d'étape *Soum de l'Ase*, 15 places,
restauration, Mme Claudine Tarrieu : tél.
05 62 92 87 83 ou 05 62 92 34 79.

• Luz-Saint-Sauveur (65120)
- Gîte d'étape *Les Cascades*, 40 places,

ouvert toute l'année, restauration. Ricou
Sesqué : tél. 05 62 92 85 85, réservation
tél.05 62 92 94 14.
- *Le Piolet*, 38 places, restauration,
M. Midan : tél. 05 62 92 92 67.

• Viella (65120)
- Gîte de Viella, 12 places, fermé juillet-
août, restauration, Didier Theil, tél.
05 62 97 93 94.
- Gîte de montagne *La Grange au bois*, 40
places, ouvert toute l'année, M. J.-J.
Destrade : tél. 05 62 92 82 76.

• Le Bolou (65120 Esterre)
- Gîte d'étape du Bolou, 15 places, ouverture de Pâques à Toussaint, M. L. Nogué :
tél. 05 62 92 80 83.

• Barèges (65120)
- Chalet de *l'Hospitalet*, 100 places,
ouvert du 15/06 au 10/10 et du 21/12 au
30/03, réservation nécessaire, restauration, M. Truffaut : tél. 05 62 92 68 08.
- Rando'Plume *L'Oasis*, 50 places, ouvert
des 15/12 au 30/04 et 15/05 au 30/09, M.
Philippe Trey : tél. 05 62 92 69 47.

• Orédon (65170 Aragnouet)
- Refuge d'Oredon, 60 places, ouvert du
17/06 au 20/09, restauration, Mme
Christiane Carrère : tél. 05 62 33 20 83,
refuge : tél. 05 62 39 63 33.

• Lac de l'Oule (65170 Saint-Lary)
- Refuge *Oule-Pichaley*, 34 places, ouvert
du 15/12 au 15/04 et 01/06 au 20/09, restauration, M. Gérard Brunel (refuge) : tél.
05 62 98 48 62, régie municipale : tél. 05
62 39 40 17.

• Sailhan (65170)
- Gîte d'étape *Le Relais du Chemin de
l'Empereur* (Rando'Plume), 35 places, Mme
Besson et M. Viot : tél. 05 62 39 45 83.

• Azet (65170)
- Gîte de séjour, *La Bergerie*, ouvert toute
l'année, restauration, 26 places, 6 chambres,
Nathalie et Thierry : tél. 05 62 40 08 98.

Montée vers la Hourquette d'Ossoue, au Vignemale. *Photo A. Delcourt.*

- Gîte d'étape, 16 places, ouvert toute l'année, M. Lucien Préfontan : tél. 05 62 39 41 44.

• Adervielle (65510)
- Gîte d'étape des «Amis de la Nature», 50 places, ouvert toute l'année, M. Jean Colnot : tél. 05 62 39 12 66.

• Loudenvielle (65510)
- Auberge des *Isclots*, 24 places, ouvert toute l'année, restauration, tél. 05 62 99 66 21.

• Germ (65240)
- Centre de montagne Germ, 45 places, ouvert toute l'année, restauration, M. Morinière : tél. 05 62 99 65 27.

• Granges d'Astau (31110)
- Auberge d'Astau, gîte d'étape, 16 places + quelques chambres, ouvert du 01/05 au 30/09, restauration, buvette ouverte l'été, ravitaillement de dépannage, Mme Anne Brunet : tél. 05 61 79 35 63 ou hors saison : tél. 05 61 79 19 34.

• Lac d'Oô (31110)
- Chalet, refuge, 22 places, ouvert du 01/05 au 31/10, restauration, contact, M. Bourthoumieux, tél. 05 61 82 53 06.

• Col d'Espingo
- Refuge CAF, 70 places, ouvert du 01/05 au 30/10, restauration, réservations et informations pendant la saison : (refuge) tél. 05 61 79 20 0;, hors saison : (J. F. Matteso) tél. 05 61 63 74 42 .

• Luchon (31110)
- Gîte *Skioura* (hors GR), route de Superbagnères, 40 places, ouvert toute l'année, gestion libre, demi-pension, M. Pierre : tél. 05 61 79 60 59 ou 06 07 96 74 68. Réduction 10 % aux licenciés FFRP

• Le Pont de Ravi (31110 Luchon) (hors GR)
- Gîte *La Demeure de Venasque* , 65 places, demi-pension, M. Dienst, tél. 05 61 94 31 96, réduction 10 % aux licenciés FFRP

• Fos (31440)
- Gîte d'étape, 17 places, ouvert toute l'année, restauration, demi-pension, réservation, M. Ph. Ragne, tél.05 61 79 13 18, hors saison 05 61 94 98 59. -Hôtel-bar-restaurant : *La Gentilhommière*, 26 places, fermé au mois de novembre, demi-pension, reservation, M.Renard, tél. 05 61 79 29 00.

■ Sur le GR 10 C

• Bastan (65170 Vielle-Aure)
- Refuge du Bastan ou du Bastanet ASPTT Toulouse, 20 places, ouvert du 1/06 au 30/09 (un local reste ouvert toute l'année), restauration, M. Palacios : (refuge) tél. 05 62 98 48 80.

• Campana de Cloutou
- Refuge de Campana, CAF Bagnères-de-Bigorre, 25 places, ouvert du 01/06 au 30/09 (un local reste ouvert toute l'année), M. Michel Colrat, tél. refuge : 05 62 91 87 47.

• Artigues-de-Gripp (65710 Campan)
- Hôtel-restaurant, *Relais d'Arizes*, fermeture annuelle en novembre, tél. 05 62 91 90 41.
- Gîte d'étape *Les Cascades*, 24 places, ouvert toute l'année, M. Dupont, tél. 05 62 91 98 64.

■ Sur le GR 101

• Ossen (65100)
- Gîte d'étape *Le Béout*, 15 places, ouvert toute l'année, restauration, Marinette et Martine, tél. 05 62 94 01 78.

• Haugarou (65400 Aucun)
- Gîte d'étape *Haugarou*, 16 places en 1/2 pension, repas possible le midi, pas de gestion libre, ouvert toute l'année, sauf lundi et mardi hors vacances scolaires, Lydie et Robert Houert, réservation recommandée : tél. 05 62 97 25 04.

■ Tour du Val d'Azun

• Arras-en-Lavedan (65400)
Hôtel *L'Arragnat*, tél. 05 62 97 14 23.

• Estaing (65400)
Gîte d'étape *Les Viellettes*, 25 places, ouvert toute l'année, restauration le soir, M. Hubert Louey : tél. 05 62 97 14 37.

• Arrens-Marsous (65400)
Voir page 13

• Arbéost (65650)
- Gîte d'étape *Petite Jeanne*, 16 places, ouvert toute l'année, restauration, gestion libre, M. Etienne : tél. 05 59 71 42 50.

• Haugarou (65400 Aucun-Argelès)
Voir page 16

Accès à l'itinéraire

■ SNCF

- Lourdes : ligne Paris-Tarbes, TGV.
- Bagnères-de-Luchon : ligne Toulouse-Montréjean-Luchon.

■ Autocars (non SNCF)

- Arrens, Salt, 4, rue Abadie, 65000 Tarbes, tél. 05 62 34 76 69.
- Gavarnie, Gèdre, Dubié, 65120 Luz-Saint-Sauveur, tél. 05 62 92 48 60.

■ Autocars SNCF

- Cauterets - Luz - Barèges : autocar depuis Lourdes, tél. 08 36 35 35 35.
- Vielle Aure : autocar depuis Lannemezan (ligne Tarbes-Toulouse), tél. 08 36 35 35 35.
- Artigues-de-Gripp : autocar pour Bagnères-de-Bigorre et Tarbes, tél. 08 36 35 35 35.
- Bagnères-de-Luchon : cars CAP, gare routière de Toulouse, tél. 05 61 48 71 84. Cars EPTR, tél. 05 61 79 07 94.

Adresses utiles

• Comité départemental FFRP des Hautes-Pyrénées, Maison des associations, 6 Quai de l'Adour, 65000 Tarbes, E-mail : ffrp-cdrp65@club-internet.fr

• Comité départemental FFRP de la Haute-Garonne, 5 port Saint-Sauveur, 31000 Toulouse, tél. 05 34 31 58 31, E-mail : cdrp31@free.fr.

• Comité départemental du tourisme, Hautes-Pyrénées Tourisme Environ-nement, 11 rue Gaston Manent, BP 9502, 65950 Tarbes Cedex 9, tél. 05 62 56 70 65.

• Parc National des Pyrénées, 59 route de Pau, 65000 Tarbes, tél. 05 62 44 36 60, fax 05 62 44 36 70, www.parc-pyrénées.com

• Secours en montagne, tél. 112 .
• Répondeur météo, tél. 08 92 68 02 65 (Hautes-Pyrénées) ou 08 92 68 02 31 (Haute-Garonne).

• CIMES (Centre d'Information Montagne Sentiers : guide des hébergements et itinéraires, documentation, publications), 1, rue Maye Lane, 65420 Ibos, tél. 05 62 90 09 92.

• **Offices de tourisme et syndicats d'initiative :**

- Bagnères/La Mongie, 65200 Bagnères-de-Bigorre, tél. 05 62 95 50 71.
- Barèges, 65120 Barèges, tél. 05 62 92 16 00.
- Espace Cauterets, 65110 Cauterets, tél. 05 62 92 50 27.
- Gavarnie-Gèdre, 65120 Gavarnie, tél. 05 62 92 49 10.
- Lourdes, 65100 Lourdes, tél. 05 62 42 77 40.
- Vallée du Louron, 65590 Bordères Louron, tél. 05 62 99 92 00.
- Luz-Saint-Sauveur, 65120 Luz-Saint-Sauveur, tél. 05 62 92 30 30.
- Val d'Azun, 65400 Arrens-Marsous, tél. 05 62 97 49 49.
- Vielle-Aure, 65170 Vielle-Aure, tél. 05 62 39 50 00.
- Bagnères de Luchon, 31110 Luchon, tél. 05 61 79 21 21.

• Hautes-Pyrénées tourisme environnement, 11, rue Gaston Manent, BP 9502, 65950 Tarbes Cedex 9, tél. 05 62 56 70 65.

Bibliographie

• *Bigorre et Quatre Vallées*, éd. SNERD 1981, J.F. Le Nail et J.F. Joulet.
• *Les Quatre Vallées*, éd. Milan, Docteur Sarramon.
• *Le Louron, une vallée au passé harmonieux*, éd. Milan, J.L. Marinière.
• *Églises peintes au XVIè siècle, Vallée du Louron*, éd. Guides Culturels Pyrénéens.
• *Guide Vert Pyrénées Aquitaine*, éd. Michelin.
• *Guide Bleu*, éd. Hachette.
• *Gîtes et refuges*, A. et S. Mouraret, Rando Editions.

19

Le Parc National

Créé en 1967, le Parc National des Pyrénées est situé dans les départements des Pyrénées-Atlantiques et des Hautes-Pyrénées, de la haute vallée d'Aspe à la haute vallée d'Aure.

Le territoire du Parc dépasse 45 700 hectares, auxquelles s'ajoutent les 2 300 hectares de la Réserve naturelle du Néouvielle. C'est une zone de haute montagne, totalement inhabitée, sauf en été par les bergers.

L'altitude varie de 1 100 à 3 298 mètres (sommet du Vignemale). Il s'appuie le long de la frontière à une réserve nationale de chasse espagnole de plus de 100 000 hectares comprenant notamment le Parc National d'Ordesa et du Mont-Perdu.

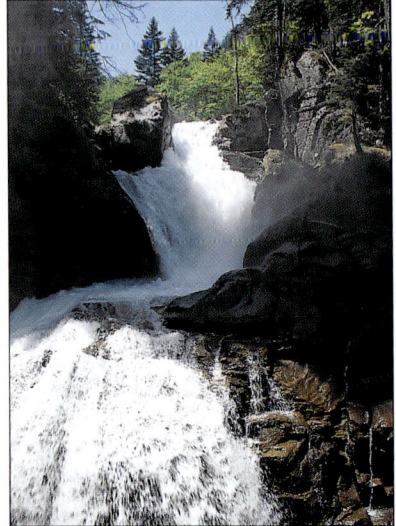

Cascade à Cauterets. *Photo E. Follet.*

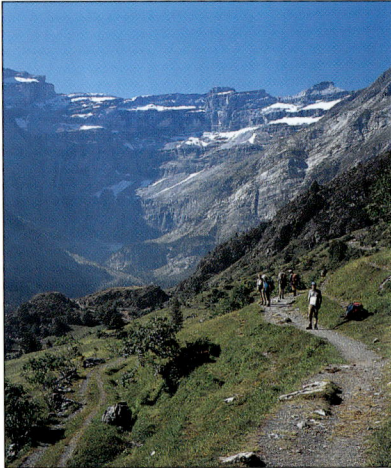

Le cirque de Gavarnie. *Photo C. Fantola.*

Des sites célèbres depuis longtemps, la haute vallée d'Aspe, le pic du Midi d'Ossau, le Balaïtous, les lacs et cascades de Cauterets, le Vignemale, les cirques de Gavarnie, de Troumouse, les lacs du Néouvielle, etc...

La haute montagne pyrénéenne est un terrain de choix pour les randonneurs. Son relief tourmenté est d'origine géologique très variée, allant des grès et calcaires de Gavarnie aux granites de Cauterets ou du Balaïtous et aux roches andésitiques du pic du Midi d'Ossau.

La zone périphérique

C'est une zone habitée comportant des villes et des villages.

des Pyrénées

Lac d'Ilhéou. *Photo M.-F. Hélaers.*

Elle constitue le domaine de transition qui permet l'accueil et l'hébergement des visiteurs ; elle facilite l'accès au Parc qui est la zone de nature protégée.

Les nombreuses stations de ski et stades de neige, les stations thermales, climatiques et touristiques de la zone périphérique du Parc National des Pyrénées offrent de multiples possibilités de séjour agréable.

Un programme d'aménagement prévoit l'amélioration des activités agricoles, touristiques et culturelles de la zone périphérique.

Ainsi sont résumées les trois vocations du Parc :

• *Protéger les sites,* la faune et la flore ;

• *Détendre et éduquer* dans un cadre naturel exceptionnel ;

• *Rénover la vie rurale* en sauvegardant les caractères originaux de ces vallées pyrénéennes.

Les Pyrénées
Parc National

Adresse du Parc :
59 route de Pau, 65000 Tarbes,
tél. 05 62 44 36 60.
www.parc-pyrénées.com

Barèges.
Photo E. Follet.

Bigorre et Luchon

Le GR 10 dans sa traversée des Pyrénées centrales franchit à 2 734 m et 2 509 m les cols les plus hauts de son itinéraire à la Hourquette d'Ossoue et au col de Madamète. C'est donc souvent en haute montagne qu'il chemine. Il ne descend dans les vallées que quand celles-ci s'enfoncent profondément dans la chaîne.

Les deux plus hautes zones traversées sont le massif du Vignemale et le massif du Néouvielle. Ici, le sous-sol constitué de roches cristallines donne un paysage escarpé, semé de lacs. La situation très méridionale, l'exposition favorable des versants Sud permettent à certaines espèces d'atteindre là leur limite record d'altitude pour l'Europe (pin à crochets, crapaud accoucheur...). Aussi, ces deux zones sont protégées : l'une fait partie du Parc National des Pyrénées, l'autre constitue la réserve naturelle du Néouvielle.

Toujours dans le Parc National, entre ces deux zones, s'étend le massif de Gavarnie - Mont-Perdu, plus haut massif calcaire d'Europe. C'est à Gavarnie que le pyrénéisme est né avec la conquête du Mont-Perdu par Ramond en 1802. Point de départ de grandes classiques comme le Vignemale ou le Marboré, beaucoup de pyrénéistes célèbres ont choisi d'y être enterrés ou y ont leur monument. Ils peuvent ainsi contempler le "cirque", vaste amphithéâtre calcaire de 1 500 m de haut couronné de "3 000".

Les vallées, seuls lieux d'habitat permanent, ont subi de profondes mutations. Elles sont à l'origine

traversées

vouées à l'agro-pastoralisme et le paysage comme l'architecture en restent marqués. Dans les fonds ou sur un replat bien orienté, les champs cultivés entourent les villages. A mi-pente ce sont les prairies de fauche avec les granges-bergeries, plus en altitude les estives et leurs cabanes de bergers.

Progressivement se sont ajoutées des activités tournées vers le tourisme que ce soit par le développement de stations de ski ou la promotion du "tourisme vert". Cauterets, Luz, Barèges, Bagnères-de-Luchon ont une vocation thermale remontant à l'époque romaine pour certains. Mais c'est au 19e siècle que, grâce à cette activité, elles ont acquis l'aspect de petites villes que nous leur connaissons maintenant.

En haut : Château Sainte-Marie à Luz-Saint-Sauveur. *Photo E. Follet.*
Ci-dessus : Paysan et son âne. *Photo E. Follet.*

Si l'itinéraire jusqu'au Louron offre de belles portions de haute montagne, plus à l'Est il évolue encore à des altitudes respectables.

◀ Moutons à Barèges. *Photo E. Follet.*

23

A gauche : Lys des Pyrénées. *Photo Ph. Barrere. A droite :* Pont-d'Espagne. *Photo E. Follet.*

Les montagnes qui séparent le Louron de la vallée de la Pique culminent en une barrière de "3 000" (Gours Blancs, Crabioules...) fermant l'horizon au Sud. Le GR ne fait que longer cette zone, surtout dans une moyenne montagne très préservée.

Pour atteindre Melles et la vallée de la Garonne, l'itinéraire traverse un secteur de moindre altitude. Outre qu'il passe dans de belles forêts, il chemine dans sa partie la plus haute sur des crêtes qui offrent de larges vues sur la chaîne. Plein Sud trône le massif de la Maladetta dominé par les 3 404 m de l'Aneto, le sommet des sommets pyrénéens.

Au terme de 290 km de pérégrination, voilà les Pyrénées centrales traversées. Si les dénivelés sont parfois sévères, l'effort est largement récompensé par l'extraordinaire dépaysement que procure la haute montagne ; la minéralité des paysages, leur démesure nous font penser que, sans conteste, nous sommes là dans autre monde.

Bernard Cazaubon

Cauterets, vue générale. *Photo E. Follet.*

Le GR 10
d'Arrens à Melles

Pour la description du GR 10 dans sa partie occidentale (Hendaye-Arrens-Marsous), consulter le topo-guide Pyrénées occidentales, Pays basque et Béarn, réf. 1086.

Arrens • 878 m

Village montagnard du val d'Azun. Eglise du 15e siècle aux murs crénelés ; à 3 km, le village d'Aucun possède une curieuse église aux arts roman et gothique juxtaposés et un original petit musée d'art populaire bigourdan.

Au débouché de plusieurs vallées, Arrens est aussi le point de départ de grandes courses et excursions : lac de Migouélou, crête frontière, pic du Midi d'Arrens, les Gabizos et le magnifique massif du Balaïtous.

Le sentier longe, à l'entrée d'Arrens, la "chapelle dorée" de Pouey Laün, spécimen unique dont le décor intérieur Louis XV *(tribunes, rétables, chaire, etc...)* est richement sculpté et étincelant de dorures.

🏛 🏠 👤 ☕ 🍴 🛒 ℹ️ 🚌

① Le GR 10 n'entre pas dans le village d'Arrens ; par le pont du Labadé franchir le gave d'Arrens et s'engager à gauche sur un large sentier puis, à droite, monter dans le forêt et laisser à droite le GRP *Tour du Val d'Azun.*

② Emprunter à gauche la route, puis couper le lacet en passant à gauche dans le sous-bois jusqu'au

1 h • col des Bordères • 1 150 m

Vaste plateau herbeux, habitations et granges.

③ Emprunter à gauche un chemin, puis retrouver la route.

④ S'engager à droite sur un sentier ombragé longeant la rive gauche d'un ruisseau ; traverser plus loin la route. Prendre le chemin en face, puis rejoindre et contourner l'église d'Estaing. Traverser la D 103, puis le pont, et prendre à droite la petite route qui passe dans le bas du Labat-de-Bun. Suivre le chemin qui mène au

40 mn • camping du Vieux-Moulin

👤

IGN carte n° 1647

⑤ Remonter la rive gauche du gave puis rejoindre la D 103 par le pont de Miaous, passer en contrebas des

30 mn • Viellettes • 1 075 m

🏠

Suivre la D 103 jusqu'au pont de la Carrère, pour repasser rive gauche durant 1 km jusqu'au pont de Counselhs. Suivre à droite le sentier ; bientôt apparait le

40 mn • lac d'Estaing • 1 161 m

🏨 ⛺ ✕ ☕

Lac d'une superficie de 12 hectares.

▶ En amont du lac : centre d'accueil communal *(camping, café, restaurant).*

Longer le lac sur 250 m.

⑥ S'engager à gauche sur le sentier qui monte dans la sapinière de l'Escale (ONF). Il traverse trois fois une piste (qui part du centre d'accueil) et arrive à la

1 h • cabane d'Arriousec • 1 400 m

Occupée par un berger l'été.

Après avoir traversé la piste, le sentier continue Sud-Est sur des pelouses en pente douce dominant la rive droite d'un ruisseau. Au fond du cirque, franchir plusieurs ruisselets à gué (sauf le dernier : passerelle) et, au pied d'un grand ressaut (vers 1 850 m), laisser à droite une vallée dans laquelle, à 250 m environ et à la même altitude se trouve la

1 h 30 • cabane de Barbat • 1 850 m

🏠

Cabane métallique verte de 4 places.

⑦ Le GR contourne la cuvette par la gauche et monte par un sentier dans un couloir orienté Sud-Est qui aboutit aux vastes pelouses peu déclives du

1 h 30 • col d'Ilhéou • 2 242 m

IGN carte n° 1647

Du col, continuer vers l'Est ; passer à gauche de deux cabanes (alt. 2 185 m), l'une en pierre, l'autre métallique verte.

Suivre la rive gauche d'un petit ravin, en laissant à gauche (Nord-Est) le sentier qui monte à la crête du Lis puis rejoint la gare supérieure du téléphérique de la station du Lis de Cauterets (*dernière benne pour descendre* : 17 h). Le GR 10 descend et tourne à droite (2 073 m).

▶ Possibilité d'emprunter une variante non balisée GR indiquée en tirets sur la carte. *Cette variante est à emprunter en cas d'enneigement tardif afin d'éviter le passage en balcon qui mène au lac d'Ilhéou.*

⑧ Traverser un ruisseau puis un replat herbeux (*cabane ruinée, source mare*), et atteindre, après un beau parcours en balcon (*ne pas emprunter ce parcours en début de saison lorsqu'il est enneigé, emprunter plutôt la variante*), le déversoir du

45 mn • lac d'Ilhéou • 1 975 m

🏠

On entre dans le Parc National.

▶ Du lac, on peut gagner en une journée le refuge Wallon-Marcadau gardé en période de vacances scolaires mais un local reste ouvert en permanence. C'est un itinéraire pour randonneurs entraînés. Du refuge Wallon-Marcadau, il sera aisé de rejoindre le GR 10 soit au pont d'Espagne, soit aux Oulettes de Gaube.

Le GR 10 descend par un chemin semi-carrossable au Nord qui passe au-dessus du lac Noir ; après un virage, suivre un sentier à droite. Atteindre deux petits cols (*eau*). *Après le second, deux passages rocheux demandent quelque attention s'ils sont humides : c'est l'Escale d'Ilhéou, passage autrefois redouté des bergers.*

Aboutir sur le chemin semi-carrossable ; le suivre sur 50 m.

⑨ Descendre dans les éboulis, recouper le chemin et traverser les longues pentes de l'Arralhé Blu (*sources ; vue sur la cascade de l'Escale*). On retrouve le chemin un peu avant un pont. Le GR 10 reste sur la rive droite et passe entre une source et l'antique petit pont sur le gave d'Ilhéou, dit

1 h 15 • Pont de Sahucs • 1 481 m

Après le gué de la source dets Sahucs, tourner à gauche pour descendre par des lacets raides le ressaut des cascades du gave d'Ilhéou (*la pente au-dessus des eaux demande, ici encore, quelque attention*).

La rive s'élargit bientôt, la marche devient aisée quand s'amorce l'emprise herbeuse d'un ancien canal d'irrigation prairies. Celles-ci s'étendent dans le vaste site de Cambasque qu'on va descendre.

IGN carte nº 1647
GR 10
Cauterets
Pic Wilson
Pic de Liou
Moun Né
Pic de Catarrabes
Soum de Grum
Pic de Péguère
Pic de Nets
Pic de Badescure
Pic de Couroungalas
Lac d'Ilheou ou Lac Bleu
Col d'Ilheou
Gave d'Ilheou
Cambasque
Téléphérique du Lis
Soum de Mauloc
var. non balisée
La Raillère
Val de Jéret
6
7
8
9
10
11
12
B1

On domine le vallon de Courbet, où se termine, sur l'autre rive, la route de Cauterets aux grandes aires bitumées. Une gare inférieure de télécabines abrite le restaurant-bar *Le Courbet*. A quelques pas une cabane peut offrir un abri précaire *(bat-flanc 8-10 places)*.

Le GR 10 suit donc l'ancien canal d'irrigation, pendant 15 mn environ, puis descend pour en suivre un autre, parallèle et enfin un muret de pierre sèche. Il emprunte une draille bordée de frênes pour arriver aux

45 mn • Granges de Houssat • 1 280 m environ

⑩   Passer entre deux granges : descendre aussitôt à gauche pour gagner la route qu'on descend à gauche (Ouest) ; 100 m plus loin, prendre à droite une large piste puis le vieux chemin herbeux de Cauterets. On le quitte bientôt pour descendre, à gauche, dans le taillis par un sentier aux rapides lacets ; on débouche à nouveau sur la route, au pont de la

15 mn • Ferme basque • 1 116 m

⑪   Le GR 10 emprunte la route sur 200 m, puis s'engage à gauche dans un chemin dévalant en lacets la rive boisée du gave de Cambasque. On débouche dans la ruelle du Séqués à l'entrée de

30 mn • Cauterets • 913 m

🏨 🏠 ⛺ ☕ ✕ 🛒 ℹ️ 🚌

Station thermale, estivale et hivernale située au débouché de quatre hautes vallées. Celles-ci, libres de tout barrage, offrent le spectacle rare de magnifiques cascades en toutes saisons.

De Cauterets, le randonneur a le choix entre deux itinéraires pour gagner Luz-Saint-Sauveur :

- par le col de Riou (1 949 m), 6 h de marche par un sentier facile, praticable de mai à octobre,

- par la Hourquette d'Ossoue (2 734 m) et Gavarnie (1 365 m), 3 jours de marche par un itinéraire sans difficulté majeure entre le 14 juillet et le 30 septembre mais demandant un certain entraînement : des pentes raides enneigées en début de saison et les à-pics dominés pourront paraître vertigineux. Mais l'effort fourni durant ces trois étapes trouvera sa récompense dans la beauté des sites traversés, notamment au pied de la face Nord du Vignemale.

Le pays Toy a joué un rôle important dans l'histoire du pyrénéisme. C'est en effet par la vallée de Barèges que se firent les premières explorations et les premières ascensions dans les Pyrénées.

Les bains de Barèges malgré leur accès difficile, étaient fréquentés depuis le 17e siècle. Les communications s'améliorant -en 1744 fut ouvert un chemin Pierrefitte-Luz qui évitait le passage par Bagnères et le Tourmalet- (comme dut le faire Madame de Maintenon en 1675), la fréquentation des bains fut sérieusement augmentée. A la suite des malades, arrivèrent les scientifiques : médecins, géographes, botanistes, astronomes...

Ainsi, en 1787 arriva à Barèges Ramond de Carbonnières qui après avoir effectué le 10 août 1802 la première ascension du Mont-Perdu, fit connaître les Pyrénées par des récits restés célèbres : le pyrénéisme était né.

Naissance du pyrénéisme

Depuis la deuxième moitié du 19e siècle, Gavarnie devint le centre du pyrénéisme. Le plus célèbre des montagnards de l'époque fut Henri Russel qui fit la première ascension de la plupart des sommets pyrénéens et qui obtint en 1889 du Syndicat valléen la concession pour 99 ans du grand glacier du Vignemale. C'est lui qui fit creuser les grottes Bellevue devant lesquelles passe le GR. Gavarnie lui a élevé une statue à l'entrée du village.

« On ne saurait parcourir cette belle vallée sans ralentir souvent sa marche pour jouir des sites charmants qui s'y succèdent » écrivait de Chaussenque en 1854. Il serait intéressant de connaître l'impression du randonneur d'aujourd'hui !

Pierre Richelle

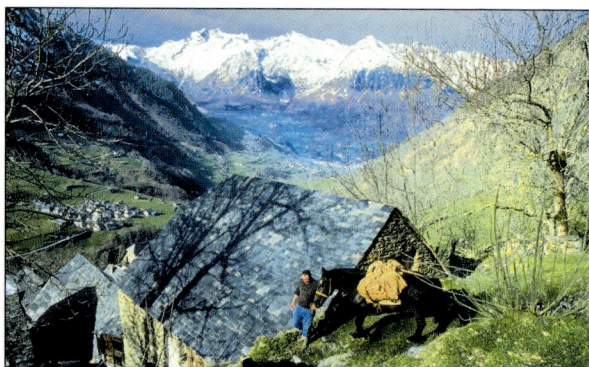

Vers Barèges. *Photo Fossette / HPTE*

Cauterets

Gare de Cauterets. *Photo Morel / HPTE.*

Station thermale, station de sports d'hiver et station touristique, Cauterets est une petite ville de montagne bien typée située à 930 m d'altitude, au pied du massif imposant du Péguère au croisement des vallées du Cambasque, du Lutour et du Marcadau.

Région d'eaux sauvages alimentées par les hautes vallées (voir les cascades du Lutour et du Cerisey, en montant vers le pont d'Espagne), "porte" du Parc National des Pyrénées accueillant chaque année les passionnés de nature et de haute montagne, c'est pourtant le thermalisme qui marque encore le plus à la fois l'architecture de la ville et son mode de vie.

Connues et pratiquées depuis l'époque gallo-romaine, les eaux thermales de Cauterets connaissent la célébrité à partir du 16e siècle quand Marguerite de Navarre, sœur de François 1er y établit sa cour.

L'époque romantique, éprise de nature et de beauté sauvage en fait un lieu à la mode et l'on voit s'installer à Cauterets, l'espace d'un été, des célébrités européennes telles que Heine et Tenysson à l'instar de nos grands romantiques Chateaubriand, Victor Hugo, Baudelaire, Georges Sand.

L'architecture thermale de Cauterets est assez caractéristique des années 1820 à 1900, la nécessité d'accueillir un plus grand nombre de curistes ayant amené les villes d'eau à s'urbaniser en conséquence : longues façades rythmées de hautes fenêtres cintrées et encadrées de marbre, balcons festonnés de fer forgé, ouverture surmontées de frontons, symétrie, sobriété, beauté des matières.

Il faut voir absolument le boulevard Latapie-Flurin : « un morceau de boulevard parisien, tombé au fond d'un entonnoir » avec les hôtels Angleterre et Continental (équipés à l'époque d'ascenseurs hydrauliques) qui offrent encore le témoignage d'une architecture majestueuse avec leurs cariatides gigantesques en figure de proue sur le portail d'accès au bâtiments. Dentelles de pierre sculptée, associées à la sobriété du marbre et à la rigueur de la symétrie des lignes, font de Cauterets une remarquable halte où le temps n'a plus d'importance.

Anne-Marie Besson

IGN carte nº 1647
GR 10
Cauterets
Pène Nère
Escalabor
Pène de Bassots
Soum des Aulhères
Station de Ski de Luz-Ardiden
Grust
Sazos
Sassis
Saligos
Vizos
Chèze
Sauveur
Agnouède
la Raillère
Pic des Bains
Col du Lisey
Soum de Liar
Soum de Peyre Haute
Pics d'Aulian
Cloze
Soum d'Arriou Ne
Pic Ne
Soum de Lat Grand
Soum de Naou Costes
Bois de l'Aze
Péguère
Val de Jéret
Chet de la Reine Hortense
Pène Blanque de Lisey
Forêt Domaniale
Catarrabes
Bourdalats
Canceru
Concé
les Matats
Turon des Oules
A1
A2
A3
B1
10
11
12
13

De Cauterets à Luz-Saint-Sauveur par le col de Riou (1 949 m)

A gauche des thermes de César, prendre un sentier qui s'élève en lacets à travers bois jusqu'aux thermes de Pauze-Vieux (1 029 m) (vue sur Cauterets).

⑫ Emprunter la route à gauche ; continuer sur une large piste et atteindre le

1 h • chalet de la Reine Hortense • 1 211 m

Ⓐ La piste passe derrière le chalet et se dirige Nord-Est *(à gauche, vue sur la vallée en direction de Lourdes).* A l'entrée du bois, suivre une piste sur 500 m pour reprendre, à gauche, l'ancien sentier qui bientôt recoupe la piste ; après plusieurs lacets, on atteint une clairière (1 475 m). Laisser à gauche, en contrebas, la grange Laplagne. S'élever en diagonale vers la droite puis vers la gauche pour gravir le ressaut du plateau de Riou ; contourner le plateau par la droite ; des lacets de plus en plus courts mènent au

2 h 40 • col de Riou • 1 949 m

Situé sur la crête séparant les vallées de Cauterets et de Luz.

Le GR descend vers le Nord-Est, décrit une boucle et s'oriente Sud-Ouest ; il franchit un ruisseau et atteint une zone de pistes de ski jusqu'à une plate-forme de stationnement.

Ⓐ2 Traverser la route et s'engager en face dans un sentier. Le GR 10 coupe plusieurs fois la route d'accès à la station de Luz-Ardiden pour arriver au village de

2 h 15 • Grust • 975 m

Point de vue sur la vallée, table d'orientation.

🏠 🏨 ✕

Rejoindre l'église, le GR emprunte un sentier et atteint la D 12. S'engager à gauche sur un sentier rejoignant le village de Sazos.

Moulins rénovés à l'entrée du village.

▶ Le randonneur désireux de descendre rapidement à Luz-Saint-Sauveur peut suivre la route durant 40 min.

Ⓐ3 Emprunter une ruelle à droite (Sud-Ouest) puis le sentier qui traverse la route et continue en balcon au-dessus du bassin de Luz-Saint-Sauveur jusqu'au hameau d'Agnouède au-delà duquel il atteint une

⑬ 1 h • bifurcation • 960 m environ

▶ Jonction avec l'itinéraire passant à la Hourquette d'Ossoue.

De Cauterets à Luz-Saint-Sauveur par la Hourquette d'Ossoue (2 734 m)

A gauche des thermes de César, prendre un sentier qui s'élève en lacets à travers bois jusqu'aux thermes de Pauze-Vieux (1 029 m) *(vue sur Cauterets).*

⑫ Suivre à droite le chemin des Pères.

⑧⒈ Descendre pour franchir le gave de Lutour près de la cascade de Lutour. Passer le pont de Benques et atteindre

30 mn • la Raillère • 1 044 m

🏠 ☕ ✕

> Réalisation du 19e siècle du sylviculteur Demontzey, la forêt domaniale de Péguère est destinée comme celles de Luz et de Barèges et comme dans les Alpes, à protéger les villages et les vallées contre les dévastations des torrents, des chutes de pierres et des avalanches et aussi à conserver la qualité des terrains en montagne.

Traverser la placette d'où part le sentier. Vous entrez dans le Parc National. Le GR 10 emprunte ce sentier, passe en contrebas de la forêt domaniale de Péguère et longe une série de cascades réputées jusqu'au

1 h 30 • Pont-d'Espagne • 1 496 m

🏠 ☕ ✕

Site remarquable au confluent des gaves de Gaube et du Marcadau. Télésiège pour le lac de Gaube.

Hors GR : 20 mn • Chalet-refuge du Clot

🏠

Suivre le chemin qui passe devant l'hôtellerie du Pont-d'Espagne. Parcourir 800 m environ sur un plat et derrière un gros rocher, on découvre le chalet-refuge.
Pour rejoindre le GR 10 au lac de Gaube, franchir le gave du Marcadau sur deux ponts successifs et suivre le sentier montant à la station supérieure du télésiège.

Cauterets
GR 10
IGN cartes nº 1647
1648
Pic de Liou
Pic de Catarrabes
Cap des Blanques
Tuque de la Courbe
Pic de Peyre-Nère
Catarrabes
Bourdalats
Canceru
PR
Ch. de la Reine Hortense
les Matats
FORÊT DOMANIALE DU LISEY
Téléphérique du Lis
Turon de Sacca
Cambasque
Ref.
Soum de Mauloc
Gave d'Ilhéou
Val. (non balisée)
Lac Noir
Pic de Péguère
Péguère N.E.
FORÊT DOMANIALE DE PÉGUÈRE
Turon des Oules
Étabt Therm.
la Raillère
Casc. de Lutour
le Pradet
Anc. Bains du Bois
Crabidère
Soum de Porcabarra
Pic de Leytugouse
Pic de Nets
Tuc d'Auribareille
Casc. du Cerisey
Casc. du Pas de l'Ours
Casc. de Boussès
Val de Jéret
Tuc de Hourmigas
Tuque des Batans
la Fruitière
Marcadau
Pont d'Espagne
Massif de Gaube
Soum de Peyre Lance
Pic de Labasse
Lac des Huats
Cayan
Gave de Gaube
Pic de Gaube
Vallon du Pouey Trénous
Microcentrale Electr.
Hôtellerie
Lac de Gaube
Soum des Garies
Pic de la Badète de Labassa
Soum du Pin Tort
Pic Mayouret
Pic Méya
la Pique
la Huchole
Cabane du Pinat
Mount det Liou
Pic de Bernadole
les Couniilères
Crête des Couniilères
Grd Pic des Paloumères
Lacs d'Estibe Aute
Casc. Esplumouse
Gave de Lutour
9
10
11
12
B1
B2

Hors GR : 2 h 35 • refuge Wallon-Marcadau • 1 866 m

⌂ *Bivouac possible.*

Suivre le chemin qui passe devant l'hôtellerie du Pont-d'Espagne. Parcourir 800 m environ pour atteindre le chalet du Clot. Emprunter un sentier sur la rive gauche du gave du Marcadau jusqu'au pont du Cayan (1 630 m) ; passer rive droite et au pont suivant d'Estalounqué (1 712 m), repasser rive gauche pour monter. On domine alors le gave du Marcadau. On atteint, sur un replat une passerelle qu'on ne franchit pas ; continuer sur la même rive vers l'Ouest pour gagner en 15 mn le refuge Wallon-Marcadau.

▶ Du refuge Wallon-Marcadau, les montagnards entraînés pourront rejoindre le GR 10 au refuge des Oulettes de Gaube (CAF) en passant par le col d'Arratille, le vallon du rio Ara (en Espagne) et le col des Mulets. Cette excursion demande une journée de beau temps.

Traverser le Pont-d'Espagne, emprunter la route sur environ 50 m et franchir un petit pont.

B2 S'engager, à droite, sur un sentier qui monte assez raide mais très bien tracé, à travers de beaux sapins. On débouche sur le

50 mn • lac de Gaube • 1 725 m

▦ ☕ ✕

Franchir le déversoir du lac sur une passerelle ; laisser à droite un large sentier qui mène à la gare supérieure du télésiège de Gaube. Longer le lac sur sa rive Ouest (*attention aux chutes de pierres*) ; continuer sur la rive gauche du gave. On laisse sur la gauche un premier pont ; un peu plus loin, franchir le torrent sur un deuxième pont juste en aval d'une petite gorge. Juste après, monter aux abords de la

20 mn • cabane de Pinet • 1 783 m

⌂

Abri 6 places

Continuer à monter sur la rive droite du torrent et atteindre le ressaut de la cascade d'Esplumouse (1 949 m). La pente s'adoucit et on franchit le gave des Oulettes de Gaube sur une

1 h • passerelle • 1 980 m

Vue sur la Pique Longue du Vignemale.

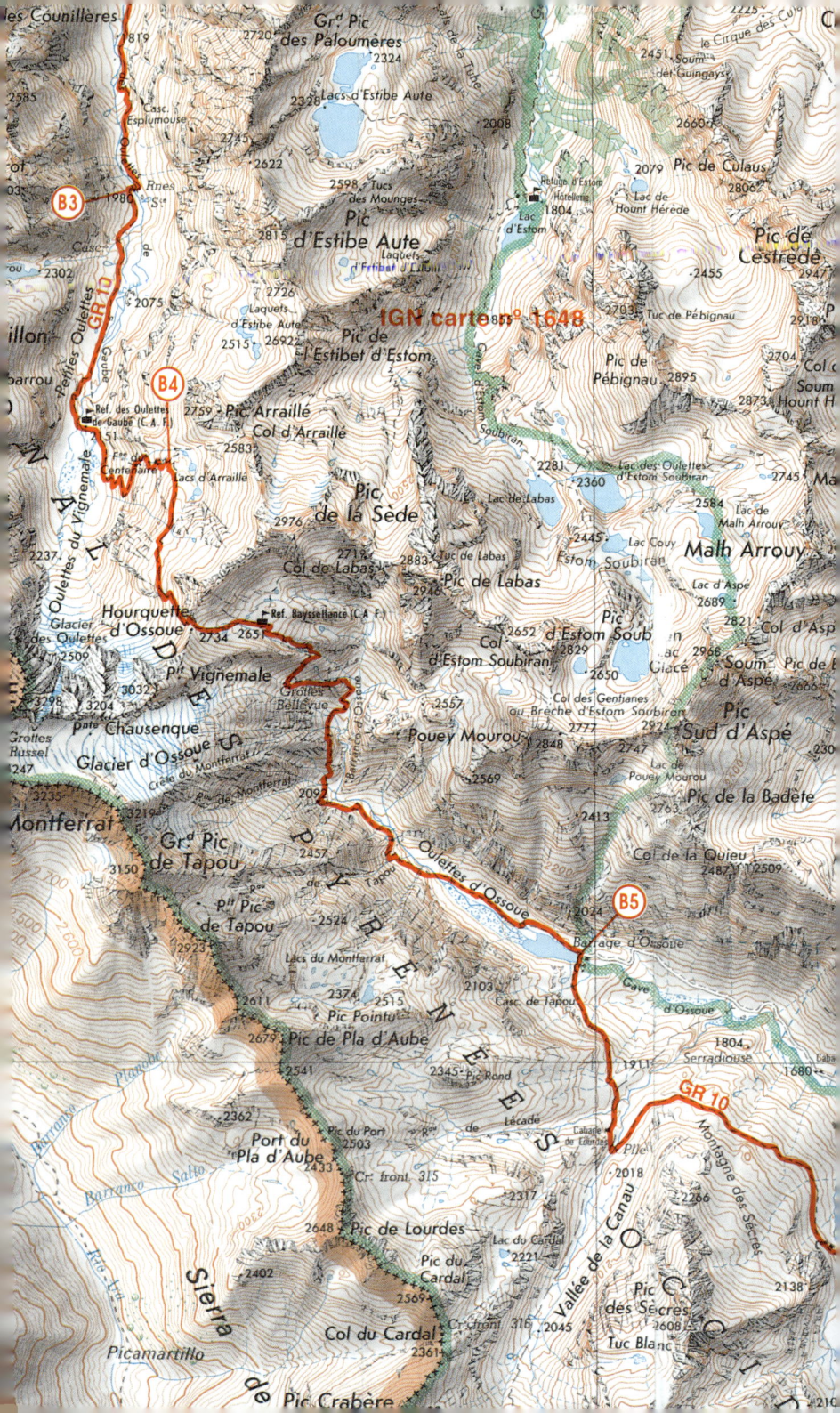

des Counillères
Grd Pic
des Paloumères
2720
2324
2585
819
Lacs d'Estibe Aute
2328
2008
Casc.
Esplumouse
2622
Pic
d'Estibe Aute
2451 Soum
det Guingays
2079 Pic de Culaus
2660
2806
Refuge d'Estom
Hôtelleng
1804
Lac
d'Estom
Lac de
Hount Hérède
Pic de
Cestrède
2947
B3
GR 10
Rnes
S
1980
de
Laquets
d'Estibe Aute
d'Fribat J Litoui
IGN carte nº 1648
2793 Tuc de Pébignau
2918
2302
2745
2726
2075
Laquets
d'Estibe Aute
2515 26922
2455
2445
2360
2231
Pic de
l'Estibet d'Estom.
Pic de
Pébignau 2895
Pic de
Pébignau
2704
Col d
Soum
2873 Hount H
Casc
Gaube
Petites Oulettes
GR 10
B4
2759 Pic Arraillé
Col d'Arraillé
Ref. des Oulettes
de Gaube (C.A.F)
2 51
Fcf
Centenaire
Lacs d'Arraillé
2583
2976
Pic
de la Sède
Lac des Oulettes
d'Estom Soubiran
Lac de Labas
2584 Lac de
Malh Arrouy
2745
Malh Arrouy
2237
2509
Oulettes du Vignemale
Glacier
des Oulettes
Hourquette
d'Ossoue
2734 265
2716
Col de Labas
2883 Tuc de Labas
2946
Pic de Labas
Ref. Bayssellance (C.A.F)
2652 d'Estom Soub n
2829
2968
Lac Couy
Estom Soubiran
2689
Lac d'Aspé
2821 Col
2650
Soum
d'Aspé
Pic de l'Aspé
2866
3298
3032
Pte Vignemale
3204
Pte Chausenque
Grottes
Bellevue
2557
Col
d'Estom Soubiran
2924
2650
Col des Gentianes
ou Breche d'Estom Soubiran
2777
Pouey Mourou
2848
2747
Pic
Sud d'Aspé
3235
Grottes
Russel
247
Glacier d'Ossoue
Crête du Montferrat
de Montferrat
209
2569
Lac de
Pouey Mourou
Pic de la Badète
Montferrat
3210
3150
Grd Pic
de Tapou
de Tapou
2457
Barranco d'Ossoue
Oulettes d'Ossoue
2290
2413
Col de la Quieu
2487 2509
2700
2600
2923
Pte Pic
de Tapou
2524
Lacs du Montferrat
2024
B5
Barrage d'Ossoue
Cave
d'Ossoue
2611
2374
2515
Pic Pointu
2103
Casc. de Tapou
Barranco
2679
Pic de Pla d'Aube
2541
2345 Pic Rond
de Lécade
1911
1804
Serradiouse
1680
GR 10
Port du
Pla d'Aube
2362
433
Cr. front. 315
Cabane de
2018
2286
Montagne des Sécres
Vallée de la Canau
2648
2317
Pic de Lourdes
2569 Pic du
Cardal
2221
Lac du Cardal
2045
2402
Picamartillo
Col du Cardal
2361
Cr. front. 316
Pic
des Sécres
2608
Tuc Blanc
2138
Pic Crabère

B3 Continuer à suivre le torrent rive gauche ; franchir le ruisseau du Chabarrou et, après un petit défilé, déboucher sur le plateau des Petites Oulettes. Suivre une trace sur la bordure droite du plateau pour éviter des pâturages bourbeux. A l'extrémité du plateau, longer le gave sur sa rive gauche (ne pas traverser le gave) et s'élever sur un escarpement granitique. On débouche sur un replat ; tourner à gauche et franchir un torrent (passerelle). Peu après, atteindre le

40 mn • refuge des Oulettes de Gaube • 2 151 m

🏠 *Zone de bivouac réglémentée, accès à droite avant la passerelle (montage des tentes autorisé à partir de 19 h et démontage obligatoire après 9 h le lendemain).*

Vue sur la face Nord du Vignemale (3 298 m) présentant une paroi presque verticale de 1000 m de dénivelé.

Hors GR : refuge Wallon
Pour les randonneurs se déplaçant d'Est en Ouest, il est possible depuis le refuge des Oulettes de Gaube de gagner le refuge Wallon-Marcadau en franchissant le col des Mulets, le vallon du rio Ara (en Espagne) et le col d'Arratille. Cet itinéraire demande une journée de beau temps, (*névés en début de saison*), pour montagnards entraînés.

En sortant du refuge des Oulettes de Gaube, prendre à gauche le sentier qui monte en traversée au-dessus du plateau des Oulettes du Vignemale (Sud-Est) et qui ensuite par de nombreux lacets atteint la fontaine du Centenaire et l'

B4 1 h 10 • embranchement du col d'Arraillé • 2 435 m

Hors GR : Cauterets
Le sentier de gauche passant par le col d'Arraillé permet de revenir à Cauterets par le lac d'Estom, la vallée du Lutour, la Fruitière, les Bains.

S'engager sur le sentier de droite (Sud-Est) ; on traverse de grands éboulis et névés, puis on grimpe par de larges lacets à la

1 h 15 • Hourquette d'Ossoue • 2 734 m

Col entre les vallées de Gaube et d'Ossoue. Vue sur les sommets du cirque de Gavarnie.

Hors GR : 1 h • ascension du Petit Vignemale • 3 032 m
Monter vers la droite (Sud-Ouest) sur une large croupe (à-pic à droite), puis obliquer à gauche et longer le rebord de la muraille dominant un glacier. Les randonneurs sujets au vertige ne peuvent pas se permettre cette ascension aisée d'un sommet de plus de 3 000 m.

Le randonneur qui parcourt le GR 10 de Cauterets à Barèges, par Gavarnie, ne se doute peut-être pas, qu'après avoir franchi la Hourquette d'Ossoue (2 734 m), il aborde par ce col, le plus élevé du GR 10, le pays Toy (prononcé Toï).

Vignemale. *Photo C. Fantola.*

Le pays Toy géographique est l'ancienne vallée de Barèges, vallée qui correspond, de nos jours, au canton de Luz. Luz a toujours été la capitale du pays Toy et des dix-sept villages satellites éparpillés dans la vallée. Le GR parcourt une grande partie du pays Toy. Depuis la Hourquette d'Ossoue, il descend à Luz (720 m) pour remonter ensuite par

Le pays Toy

Barèges jusqu'au col de Madamète (2 509 m) où il abandonne le pays Toy pour entrer dans la vallée d'Aure.

La situation géographique du pays Toy explique son histoire au cours des âges.

Dès le 9e siècle les montagnards barégeois mettant à profit l'accès difficile et l'isolement de leur pays réussirent à arracher au Comte de Bigorre, dont ils dépendaient, une charte écrite -les Fors de Bigorre- qui leur accordait -moyennant une redevance annuelle- une quasi indépendance.

Cet isolement du reste du royaume de France amena les Toys à se tourner tout naturellement vers leurs voisins Espagnols, les montagnards de la vallée de Broto. Vallée limitrophe sur le versant Sud des Pyrénées, la circulation se faisait par le port de Gavarnie (ou Boucharo) 2 270 m.

Au cours des siècles, ces relations n'allèrent pas toujours sans heurts. En effet, les montagnards de Broto pasteurs et éleveurs, comme les Barègeois, habitaient une montagne sèche et pauvre en pâturages. Ils avaient toujours été attirés par les riches herbages de la haute vallée de Barèges, qu'ils considéraient comme faisant partie de leur patrimoine et qu'ils utili-saient en conséquence.

Ces pâturages devinrent donc sujet de discorde entre les deux commu-nautés et l'histoire du pays Toy est

Photo M.-F. Hélaers.

pleine de litiges, de querelles et même de guerres entre les montagnards des deux vallées pour la possession de ces pâturages.

Ces guerres se terminaient par des trêves et des traités de paix. Ces traités sont connus sous le nom de Lies et Passeries. Le premier traité remonte à 1390. Mais il faut attendre le 16 avril 1862 et le traité de délimitation des frontières signé à Bayonne entre Napoléon III et la reine d'Espagne, pour que le sort des pâturages de la montagne de Gavarnie soit définitivement réglé.

Dès lors, les Espagnols de Broto ont la possession entière depuis le 11 juin de chaque année de "trois quartiers" de la montagne de Gavarnie (ce qui correspond aux pâturages des vallées de la Canaou, du Pla de la Coume, du Pla de Lourdes, de Saucé-Dessus, de la montagne de Sécres.

Chaque année les troupeaux espagnols n'arrivent en France que vers le 20 juillet, après la fonte des neiges, car ils passent la frontière à 2 330 m au col de la Bernatoire. L'arrivée des troupeaux espagnols est chaque fois l'occasion d'une petite festivité franco-espagnole avec rassemblement montagnard autour de la cabane pastorale de Lourdes.

Avant les premières neiges, vers le 15 septembre, les troupeaux regagnent la vallée de Broto par le même chemin.

Le GR 10 traverse dans sa descente vers Gavarnie ces pâturages "internationaux" et ce sont donc des vaches espagnoles que rencontrent les randonneurs.

Pierre Richelle.

45

es Cóunillères
819
2720
Gr⁴ Pic
des Paloumères
2324
2225
le Cirque des Culau
2451
2451
Cascⁱ
Esplumouse

585
Lacs d'Estibe Aute
2338
2008
2079
Pic de Culaus
2806
Soum
del Guingays

2622
2745
Tucs
des Mounges
2598
Refuge d'Estom
Hôtellerie
Pic de
Cestrède
2704
Pic de
Pébignau

B3
1980
Rues
St
2815
Pic
d'Estibe Aute
2079
Lac de
Hount Hérède
1804
Lac
d'Estom

2302
2075
2726
Laquets
d'Estibe d'Estom
IGN carte nº 1648
2455
2947

GR10
Petites Oulettes
Gaube
2515
2692
Laquets
d'Estibe Aute
Pic de
l'Estibet d'Estom
2703
Tuc de Pébignau
2218

B4
Refᵉ des Oulettes
de Gaube (C.A.F.)
2759
Pic Arraillé
Col d'Arraillé
Pic de
Pébignau 2895
2873
2704
Col d
Soum d
Hount Hé

51
Frⁿ Cenfrillaine
2583
Soubiran
2281
2360
Lac des Oulettes
d'Estom Soubiran
2745

Oulettes du Vignemale
Lacs d'Arraille
Pic
de la Sède
Lac de Labas
2584
Lac de
Malh Arrouy

2237
Glacier
des
Oulettes
2509
2976
2711
Col de Labas
Tuc de Labas
2883
2445
Estom Soubiran
Malh Arrouy
2898

3032
Hourquette
d'Ossoue
2734 2651
Refᵉ Bayssellance (C.A.F.)
2946
Pic de Labas
2652
Col
d'Estom Soubiran
2829
Pic
d'Estom Soub
Glace
2968
Lac d'Aspé
2689
2821

3298
3204
Pic Vignemale
Grottes
Bellevue
2557
2650
Col des Gentianes
ou Bréche d'Estom Soubiran
2777
Soum
d'Aspé
2866
Pic de B

Pⁿᵗᵉ Chausenque
3032
2569
Pouey Mourou
2848
2924
2747
Lac de Pouey Mourou
Pic
Sud d'Aspé
2300

Glacier d'Ossoue
Crête du Montferrat
2092
2413
2703
Pic de la Badète

ontferrat
3235
3219
3150
Grⁿ Pic
de Tapou
2457
Oulettes d'Ossoue
2200
Col de la Quieu
2487 2509

2 700
Pⁿ
de Tapou
Row
2524
2024
B5
2600
2923
Lacs du Montferrat
Barrage d'Ossoue
Gave
d'Ossoue

2611
2374 2515
2103
Casc. de Tapou
1804
Serradiouse
1680
Cabane

2679
Pic Pointu
2345
Pic Rond
1911
GR 10
2266

2541
Cabane
de Lourdes
2018
Montagne des Sécres

Planard
2362
Pic du Port
2503
Lécade
Pla
Pic de Pla d'Aube
2317

Barranco
Salto
Port du
Pla d'Aube
2433
Cabane
de Lourdes
Vallée de la Canau

Barranco
de
Rio
2648
Pic de Lourdes
2221
Lac du Cardal

2402
Pic du
Cardal
2045
Pic
des Sécres
2608
2138

Sierra
Picamartillo
2569
Crⁿ fronⁿ 316
Tuc Blanc

Picamartillo
de
Col du Cardal
2361
Pic Crabère

Prendre le sentier qui part à gauche (Est). On aperçoit, sur un monticule, au bas d'un vallon pierreux et neigeux, un refuge que l'on atteint peu de temps après, le

10 mn • refuge Bayssellance • 2 651 m

⌂ *Fermé pour gros travaux : réouverture prévue pour l'été 2003.*

Le plus haut refuge des Pyrénées. Point de départ classique pour l'ascension du Vignemale (3 298 m) par le glacier d'Ossoue (cordes, piolet, crampons).

Descendre par un bon sentier aménagé par le Parc National. Il contourne l'arête du Petit Vignemale et se dirige vers le Sud-Ouest, puis l'Est, par un lacet à gauche, en laissant à droite le sentier du glacier et du Vignemale. Continuer en lacets, et passer les

20 mn • Grottes Bellevue • 2 420 m

Creusées il y a un siècle : quoique sans confort, elles peuvent permettre de se mettre à l'abri.

On continue à descendre en lacets dans la profonde gorge, dite "Barranco d'Ossoue" aux nombreux névés et cascades, donc aux pentes fortes, aux neiges dures en début de saison et aux passages en corniche qui demanderont quelque attention aux personnes peu exercées, surtout par mauvais temps. Mais le sentier est toujours large et sans ambiguïté, jusqu'au replat des

1 h 40 • Oulettes d'Ossoue • 1 866 m

Passer rive gauche *(petit pont)* pour longer le gave, puis la retenue du barrage d'Ossoue *(attention, bivouac interdit autour du lac),* lequel est accolé d'une butte portant une cabane *(abri vide, généralement ouvert), aire de bivouac à proximité.*

Ⓑ⑤Laisser à gauche le chemin (qui devient route et descend en 8 km à Gavarnie) pour prendre à droite, au pied du barrage, une passerelle d'où le sentier remonte (alt. 1 825 m) au Sud, à flanc, bien tracé dans des pentes fortes coupées de ravins, durant 20 à 30 mn, jusqu'aux terrasses de Lourdes en haut desquelles se trouve une cabane pastorale souvent occupée par des bergers. Le GR 10 traverse peu après (passerelle) le torrent de la Canau et va, presque horizontal durant des km, d'abord vers le Nord puis vers l'Est sur des pelouses de plus en plus raides, en balcon à 300 m au-dessus de la vallée d'Ossoue, et parvient à la

1 h 50 • cabane de Sausses-Dessus • 1 900 m

⌂

Saoussès (Pla de Salcès au Nord), les saules.

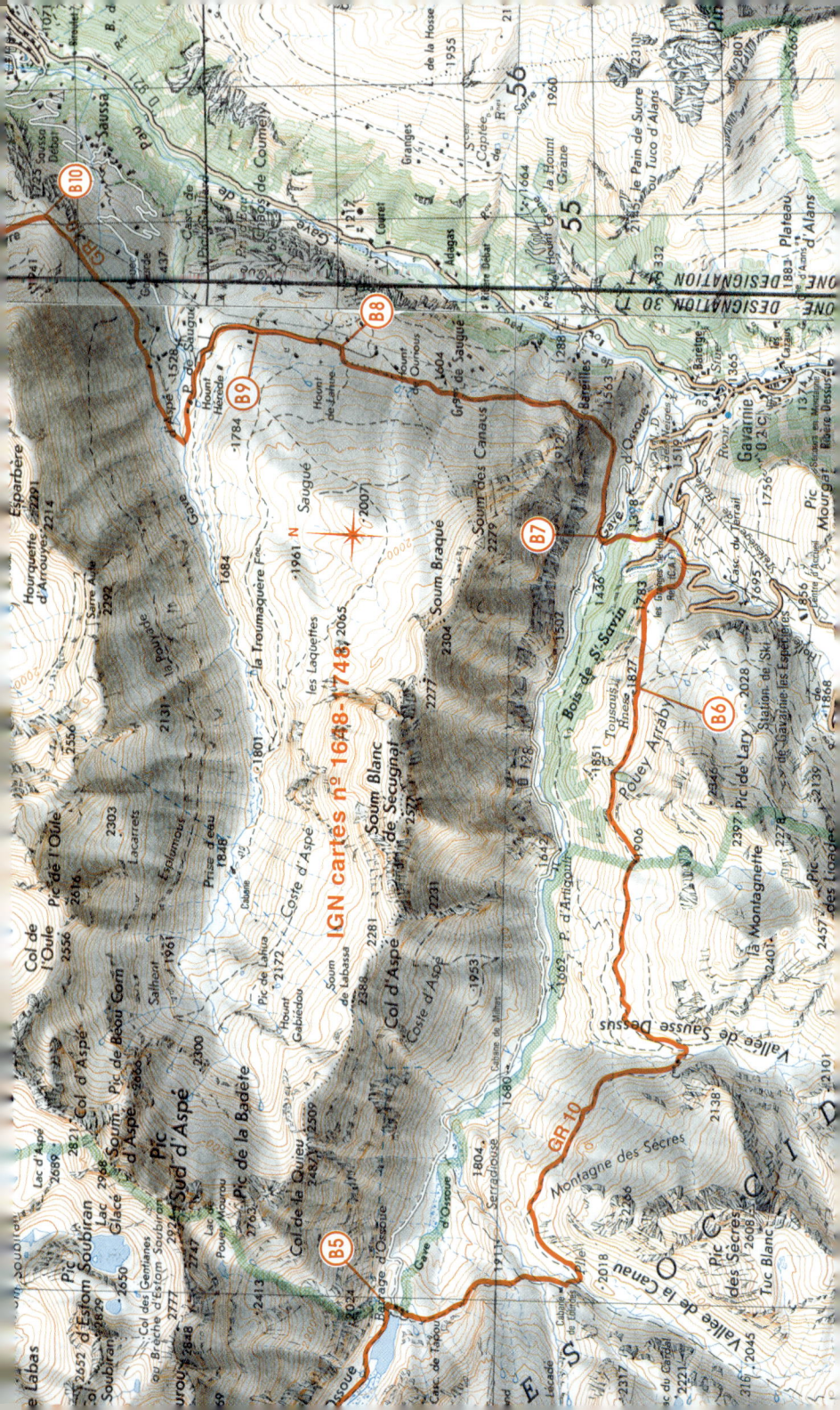

IGN cartes n° 1648-1748

GR 10

Le GR 10 traverse le ruisseau de Sausses (passerelle) et continue horizontale-ment sur des pelouses *(vue sur les imposants escarpements calcaires du flanc gauche de la vallée).* Le GR tourne progressivement vers l'Est. Traverser quelques ruisselets *(sources)* et sortir du Parc national (alt. 1 906 m) avant de trouver des pentes plus fortes, plus boisées.

▶ Ce cheminement demande une certaine attention du fait de la neige, en début de saison, notamment sous les escarpement de Pouey Arraby.

Après la cabane ruinée des Toussaous (et non Tousaus sur carte IGN ; *les toussaous, tôzals,* sont des pointements rocheux), le sentier emprunte un vaste glacis herbeux, moutonné qui se termine en falaise au Nord : il y aurait donc danger de s'écarter à gauche. Le replat est bordé d'une clôture intermit-tente de protection du bétail. Peu après un ravin *(sources pérennes)* et avant un collet aux pierres plantées dans la pelouse, atteindre une bifurcation.

(B6) Laisser à droite le sentier des Espécières ; le GR 10 continue sur la Serre des Tousaous vers l'Est et descend les derniers moutonnements.
Il y a danger à s'écarter vers la gauche, Nord-Est (à-pic).

Le GR dévale en quelques lacets vers la route qu'il traverse deux fois pour rejoindre la

1 h 30 • Prairie de Holle et le chalet-refuge Grange de Holle • 1 480 m

⌂

> **Hors GR : 30 mn • Gavarnie • 1 365 m**
>
> 🏠 ⌂ 🏕 ☕ 🍴 🛒 ℹ️
>
> *Centre réputé d'excursions et d'ascensions dans le massif du Marboré, depuis la grande Cascade du Cirque jusqu'aux sommets de la frontière, en passant par la Brèche de Roland.*
>
> Emprunter la route vers l'Est.

Le GR 10 monte au couret de Holle (alt. 1 510 m) pour descendre dans la hêtraie au

10 mn • pont de Saint-Savin • 1 436 m

Sur le torrent d'Ossoue. Bivouac possible.

Franchir le gave d'Ossoue puis remonter vers l'Est et atteindre la route du barrage d'Ossoue.

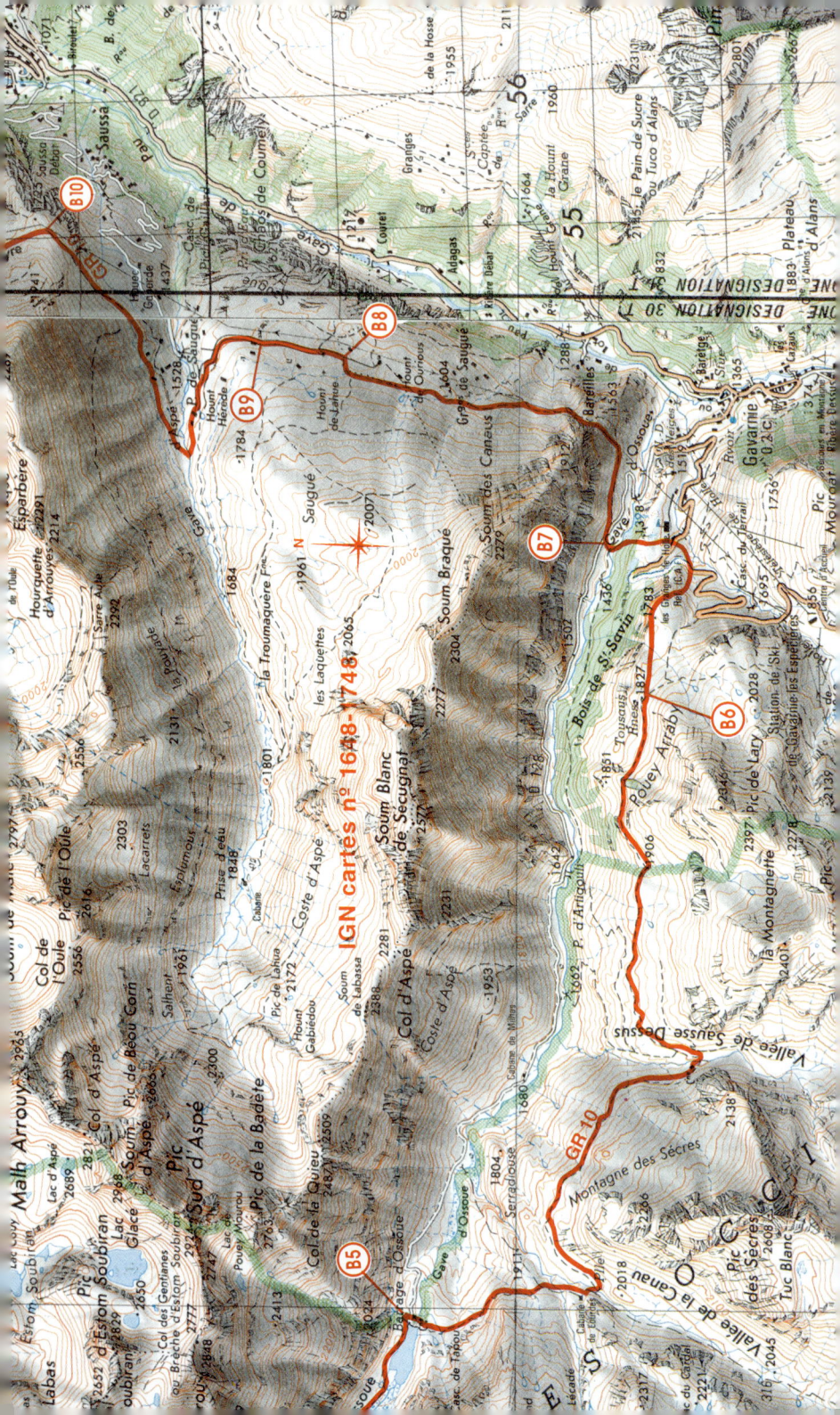

IGN cartes n° 1648-1748

(B7) Monter en diagonale vers une ligne à haute tension. Le GR contourne un mamelon dit

30 mn • Turoun de Tési • 1 563 m

La ligne à haute tension emprunte également ce col : danger par temps d'orage.

Le GR descend un peu au Nord, puis remonte durant 20 mn en laissant à droite plusieurs pistes. La trace parfois ténue passe sous la fontaine des Canaous, monte le long d'un ruisselet *(le panorama s'élargit au Sud sur le Cirque de Gavarnie)*. En restant près du ruisselet, on arrive à une suite de sources, la Hount des Ourious *(fontaine des cailloutis rouges)* dont l'eau est canalisée vers les immenses prairies, au Nord et à l'Est. Le sentier poursuit horizontalement puis descend à droite (Est) au

45 mn • chemin du Plateau de Saugué • 1 640 m

(B8) L'emprunter à gauche et atteindre le

(B9) 15 mn • gîte d'étape de Saugué • 1 610 m

🏠 🏕 🍴 ☕

Suivre le GR vers le Nord. Après environ 200 m, s'engager à gauche entre un mur et la source Hount-de-Périssère. Le sentier d'abord étroit s'oriente progressivement à l'Ouest, passe au-dessus de la Hount-Herède et descend à la Palanque d'Aspé (1 588 m) où il traverse le Gave. Tourner aussitôt à droite (Est) puis monter en traversée (Nord-Est) sur les pentes de la Soula de Saugué au-dessus de quelques granges. Après la pente plus accusée du gué de la source Débat-Soum, le sentier poursuit horizontalement jusqu'au

(B10) 1 h 15 • col de Suberpeyre • 1 725 m

Vue très étendue, des montagnes de Luz et du Néouvielle aux cirques de Troumouse et de Gavarnie.

Le GR 10 descend doucement au Nord en longeant les pelouses d'un plateau suspendu *(emplacements pour camper)*. Il atteint 600 m plus loin un sapin isolé (1 710 m) d'où il monte dans les bruyères et les genévriers vers une clôture ; la suivre jusqu'à un bosquet de résineux sur la vaste

40 mn • croupe de Pouey-Boucou • 1 874 m

IGN cartes n° 1647-1747
1648-1748

Soum Lat Grand 1862
Soum de l'Aze 1858
Soum de l'Aze
Soum de Naou Costes 2184
Hougarouze
Sauveur
Hountalade
Etabl.
Therm
Pont Napoléon 1755
Armenthou
Mensonge
Agnouède
13
B. d'Agnouède 217
782
B. du Bualat
Granges d'Albie
l'Estibe 1377
1002
Artigues
Cureilles
Pic de Bergons 2068
Montagne de
1767
Liprouse
Liprouse
Pourtère
de la Couyeou
Soum det Horgues 2215
de Badet
de Badet 2301
2329
1765
1665
Vy- de-Prat
Stèle
P. de Sia
Sia
Grre
1023
F. de Hougarouse 847
Cne de Marvorissou
Mgne de
Bachebirou
Cabane d'Estaoüs
1545
Culaou-Aubiste
Soum de Culaus
d'Aubiste
2741 2577
1850
1812
Soum de Nabasseube 2187
Lac de Bastampe
2019
S! Bazerque
D. 921
Gave de
P. d'Esdouroucats 895
1918
Pragnères 999
Soum d'Astos
2794
Pic de Bastampe
Bastampe
Soum de Lianne de Castillon 1702
Gr.
2108
Roc de Castillon
Pène de Aulède
Pic des Cardis 2620
Lac de Litouse 2080
2177
Soum de l'Abadet
Pragnères Débat
Sapinière
du Lac Noir
Pic de Litouse 2386
2420
Soum de Caubarole
Bois de Bailit
1404
B 11
Trimbareilles 1356
Gave de Pau 927
1667
Lac d'Antarrouyes
Cne Réf.
1962
2009
Prise d'eau
Casc. de Soutarra
1215
Cestrède
Hourque
Pujo
Rivoir 1178
Casnabet
Sarrat de Bén
Lac de Cestrède
Cestrède
2010
Salient
2316
Gave de
Granges de Bué 1482
Ste Sulfureuse
Sapinière de Bué
1826
Vieux GR
Gîte l'Escapade
le Turon
Gèdre 1001
Lac de Treulet 2334
de l'Oule
GR 10
Cabane del Hour Rpès
Cabane de l'Oule
Tuque Esparbère 2291
Soum Haut 2289
Subarpayre
St Elur
B 10
Saussa Débat 725
Br d'Aspe
1071
Saussa
2592 Tusque de Male
1797
2556
Sarre Aute 2292
Houee Généra
B. de C
D. 921
Pau
2303
rets
2131
la Pouyade
d'Aspe 1528
1437

Décrire une large courbe à gauche ; à la bifurcation avec un sentier (Sud-Ouest), traverser une petite arête à droite, descendre par deux grands lacets pour pénétrer dans la Sapinière de Bué. Traverser celle-ci vers l'Ouest par un bon sentier. Passer une clairière et quelques éboulis aux arbres clairsemés. Atteindre le ravin de l'Oule, ne pas le franchir et se diriger vers l'Est en bordure du vaste vallon des

50 mn • granges de Bué • 1 482 m

Le GR reste au-dessus de la route qui monte de la vallée,puis la coupe (*en empruntant cette route, accès au gîte d'étape : l'Escapade à 2,5 km*) pour suivre la rive droite du gave de Cestrède jusqu'au pont de Balit (1 215 m) ; le franchir. Descendre ensuite jusqu'aux maisons du pont de Burret (1 006 m) puis à

1 h 10 • Trimbareilles • 1 000 m

(B11) Suivre la route puis franchir le gave de Pau face à la centrale électrique de Pragnères.

A l'Est, la vallée de Barrada est renommée pour sa colonie de marmottes et sa richesse en isards grâce aux actions du Parc National.

Après le pont, emprunter à gauche la D 921 qui traverse le gave ; au premier carrefour, abandonner cette route pour monter en quelques minutes au café Saint-Bazerque (⚐ ☞ *isolé au pied de la montagne*). Juste avant ce café, le GR tourne à droite et passe en contre-haut de la route ; il continue ainsi jusqu'au hameau de Sia. On remonte par un chemin empierré puis par un sentier dans les taillis jusqu'à la

1 h 40 • Croix de Sia • 1 025 m

Croix de bois érigée au point haut du sentier.

Descendre dans les taillis où de nombreuses traces obligent le randonneur à quelque attention *(bien suivre le balisage)*. Atteindre une

⑬ 5 mn • bifurcation • 960 m environ

▶ Jonction avec l'itinéraire passant par le col de Riou.

GR 10

Soum de la Pique

PIC D'AYRÉ

Pène Déra Mayrt

Montagne de Saillient

GR 10

Barèges

DOM. DE L'AYRÉ ET DU LISEY

Bastan

Betpouey

Hors GR

Soubralets

17

18

16

PR Viella

Esterre

Villenau

IGN cartes n° 1647-1747

Soum de Nère

Soum d'Espade d'Arbéouse

de Coume de Bizos

U.T.M. GRID ZONE DESIGNATION 31 T
U.T.M. GRID ZONE DESIGNATION 30 T

Squièze-Sère

Luz-Saint-Sauveur

14

15

Saint-Sauveur

GR 10

13

Sazos

A3

GR 10

Sassis

Traverser une piste qui, à droite descend à Saint-Sauveur et à gauche au village de Sazos. Le GR, dans le taillis, recoupe cette piste, l'emprunte sur quelques centaines de mètres et la quitte pour traverser, à gauche, le plateau de Couriol aux prairies bien entretenues. Longer une clôture sur la droite puis la franchir pour entrer dans une futaie ; la pente est raide et le GR 10 aboutit à une promenade aménagée conduisant, le long du Riu d'Agnouède, à la station thermale de

40 mn • Saint-Sauveur • 738 m

🏠 🍴 ☕

Le GR emprunte à droite (Sud-Est) la route qui monte en 5 mn au pont Napoléon (755 m) *(ouvrage élégant et audacieux qui franchit, par une seule arche, la gorge du gave de Pau, profonde de 80 m)*. Au-delà du pont, emprunter à gauche la route sur 300 m.

⑭ S'engager à droite dans le chemin qui monte à la chapelle dite de Solférino (760 m environ), accotée d'un obélisque *(souvenir napoléonien parmi bien d'autres dans la vallée)*. Le GR descend, emprunte la rue du cimetière et atteint le

⑮ **40 mn • pont de Luz-Saint-Sauveur** *dit "pont de l'Égalité"* **• 720 m**

🏠 🏠 ⛺ ☕ 🍴 🛒 ℹ️ 🚌

> Luz-Saint-Sauveur est une vieille cité étalée dans un bassin riant et centre d'excursions dans les nombreux villages de l'antique république de la "Bat de Barèges".
> Tous les villages en amont de la gorge de Pierrefitte présentent de belles maisons anciennes et une église romane (sauf Gèdre et Barèges). L'église des Hospitaliers, à Luz, a été fortifiée au 14e siècle et offre toujours un appareil défensif médiéval.
> L'église de Sère est réputée pour son architecture d'un roman primitif.
> Le château Sainte-Marie mérite une visite.

▶ Un itinéraire partant du château Sainte-Marie permet successivement la découverte des villages d'Esterre, Viella, Viey et Sers (parcours très agréable à la mi-saison). Le GR 10 et cet itinéraire forment une boucle qui permet la découverte de la vallée de Barèges en deux jours.

Le GR 10 monte le long de l'Yse jusqu'au hameau de Villenave ; franchir le ruisseau (789 m) et continuer, vers le Nord-Est puis le Sud-Est. Lorsque le sentier s'interrompt, on monte à toute pente pour atteindre un

1 h 30 • canal d'irrigation • 1 090 m environ

Marmotte. *Photo Ph. Barrere.*

La faune

Les mammifères :

Si le randonneur n'a aucune chance de pouvoir admirer un des derniers ours bruns qui hantent encore les forêts pyrénéennes, par contre l'observation de quelque harde d'isards, pâturant au-dessus de 1 500 mètres, sera fréquente dans les premières heures de la journée. Le cheptel isards est en augmentation constante depuis quelques années (plusieurs milliers de têtes) grâce aux mesures de protection générale et surtout à la création du Parc National des Pyrénées.

La marmotte pourra aisément être observée dans les éboulis ensoleillés entre 1 400 et 1 800 mètres d'altitude. Introduite dans les Pyrénées en 1948 dans la vallée du Barrada, elle a, depuis, essaimé naturellement ou de la main de l'homme, principalement dans la partie occidentale de la chaîne.

Le Desman, espèce propre aux Pyrénées, petit insectivore aquatique dont le museau se termine en trompe, se rencontre dans les torrents montagnards. Peuvent être observés également avec plus ou moins de fréquence l'écureuil, le renard, le blaireau, le lièvre variable, le sanglier ; le loir et le lérot qui élisent domicile dans les cabanes de bergers, le campagnol des neiges ; peut-être aussi l'hermine et même la genette tachetée.

Les oiseaux

La forêt de conifères sert d'asile au grand tétras ou coq de bruyère, énorme oiseau sombre au vol fracassant mais très difficile à surprendre, sauf au moment de la parade nuptiale.

Dans les parties boisées, il sera plus facile d'observer, le bec-croisé, le pic noir, le pic leuconote (à dos blanc), la sitelle, le pipit, le merle à plastron et, le long des ruisseaux, le cincle agile qui n'hésite pas à plonger.

L'accenteur alpin, le rouge-queue, le merle de roche et surtout le lagopède ou perdrix des neiges au plumage changeant suivant les saisons habitent les hautes régions au-dessus de 2 500 mètres.

Vautours fauves. *Photo Ph. Barrere.*

Le long des murailles rocheuses, le tichodrome échelette volette, tel un gros papillon rouge et noir. Un peu partout on rencontre des vols importants et criards d'oiseaux noirs, les craves au bec rouge et les chocards au bec jaune.

Mais surtout, les Pyrénées sont le dernier refuge des grands rapaces de France. Le plus commun est le vautour fauve, reconnaissable en vol aux extrémités frangées de ses ailes. Le vautour percnoptère ou percnoptère d'Egypte aux ailes blanches et noires est beaucoup plus petit. Le gypaète barbu, au remarquable poitrail orangé, le plus grand des rapaces (jusqu'à trois mètres d'envergure), est beaucoup plus rare, de même que l'aigle royal. Ils planent interminablement au-dessus des pâturages à la recherche de cadavres d'animaux ou de proies vivantes. Leur observation est des plus aisée, notamment dans le Parc National, où ils sont maintenant nombreux.

Pierre Richelle.

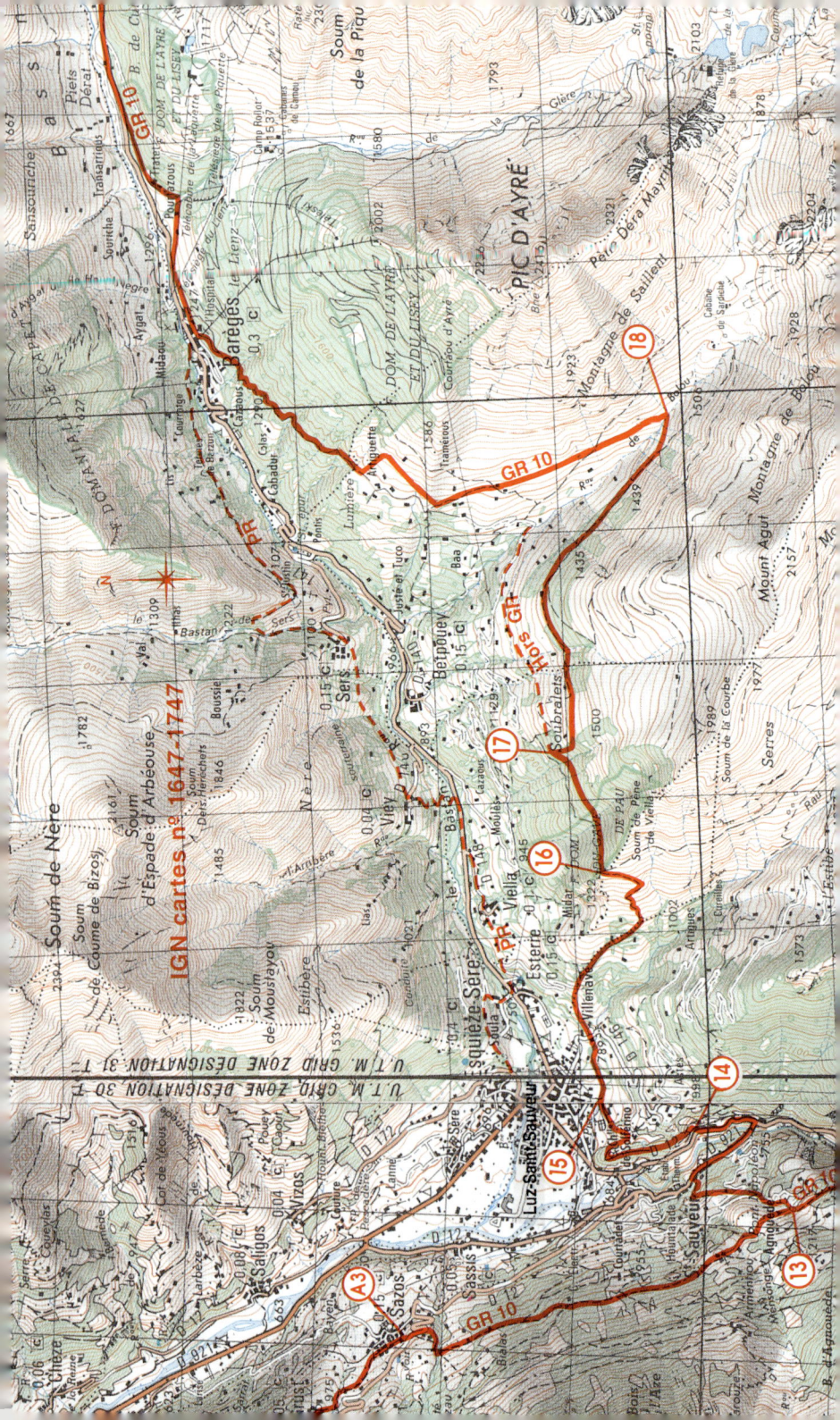

Le traverser sur la droite et monter dans les herbages par de larges lacets. On rejoint le

(16) 1 h • Couret d'Ousset • 1 322 m

Passage marqué par une pierre dressée à droite, et à gauche une pierre plate à sel, table ombragée de bouleaux et de pins sylvestre. C'est l'entrée dans le bois d'Ousset, ou forêt domaniale de Viella, belle sapinière destinée à la conservation des terrains qui s'écroulaient sur le village et ses granges.

Le GR 10 descend par des courts lacets, remonte un peu, jusqu'à un ruisseau qu'il traverse. Prendre alors à droite et monter jusqu'à l'esplanade terminale d'une

(17) 15 mn • piste forestière • 1 350 m environ

Hors GR : 30 mn • Gîte d'étape du Bolou • 1 300 m

🏠

Suivre la piste qui descend.

Tourner à droite pour monter rapidement par une sente ; la quitter pour un sentier partant à gauche et parvient au

(18) 1 h 05 • Gué du Bolou • 1 460 m

dont la traversée peut s'effectuer un peu en amont du jalonnement, si les eaux paraissent trop fortes. Bivouac possible.

Un bon sentier continue sur l'autre rive vers le Nord, suit un ancien canal d'irrigation. On domine bientôt les harmonieux replats du Pla dets Plaas puis ceux de Lumière et de l'Artiguète. Descendre vers un large sentier horizontal, en contrebas d'une grange. A 250 m de la grange, on descend dans un ravin pour atteindre rapidement un bon sentier qu'on emprunte à droit. On entre dans la forêt domaniale de l'Ayré *(dont les fûts centenaires sont destinés à la protection contre les éboulements qui ravageaient la vallée).* Le sentier devient un chemin et descend à

1 h 10 • Barèges • 1 240 m

🏨 🏠 ⛺ 🍶 🍴 🛒 ℹ️ 🚌

Station thermale et de sports d'hiver.

COL DU TOURMALET

PIC DES QUATRE TERMES

Pic d'Aygues-Cluses

Col de Gourguet

21

Col de Barèges

Pic de Madamète

Lac d'Aygues-Cluses

Lacs d'Aygues-Cluses

d'Aygues Cluses

Lacs de Madamète

Pic de Tracens

Pic de la Touatère

Pic d'Espade

Pic de Campana

Pic de la Beauté

Soum du Col d'Ourdé

Col d'Ourdé ou Pic Allemand

Bat d'Ourdis

Bat de Barrère

Pic de Caoubère

Tête de la Pègue

GR 10

Pounlou

20

53 Pic d'Izez

Super-Barèges

Bat de Caoubère

Baigt de Baban Rau 1588

Cabanes d'Aoubé

Pic Noir

Lac Blanc

Lac Nère

51 Lac Det Coubous

Dets Coubous

52

50

19

Bassan du Tourmalet

Piets Dézal

Sansouriche

Pic des Crampettes

Pic de Lurtet

Pic d'Astazou

Soum de la Piquette

IGN carte n° 1747

Pène Dèra Mayno

PIC D'AYRÉ

Montagne de Saillent

Barèges

DOM DE L'AYRÉ ET DU LISEY

GR 10

18

Sans entrer dans l'agglomération, le GR 10 passe devant le gîte l'Hospitalet. Quelques mètres après l'Hospitalet, le GR 10 descend à gauche en deux lacets puis remonte par la ruelle du Duc du Maine qui fait place à un sentier sous les câbles de remontées mécaniques. En sortant du bois de Culousque, emprunter la D 918 puis à gauche la route de la station Super Barèges. Passer le pont sur le torrent dets Coubous.

⑲ Tourner à droite pour remonter la rive droite. Couper la D 918 un peu à l'Est du

1 h 15 • Pont de la Gaubie • 1 538 m

☕ ✕

Jardin botanique.

▶ A partir de là, le GR monte pour accéder à la Réserve naturelle de Néouvielle. Dans celle-ci **les chiens, même tenus en laisse, sont interdits et le bivouac est réglementé**.

Le sentier bien marqué s'élève au Sud et rejoint un chemin carrossable visible en contre-haut et que l'on emprunte sur 1,5 km environ. Peu après un petit pont (Pountou sur la carte IGN), on atteint l'

⑳ **40 mn • embranchement du lac dets Coubous • 1 750 m**

Prendre le sentier de gauche qui monte dans la vallée d'Aygues-Cluses ("eaux enfermées" souterraines). La vallée, d'abord étroite, s'élargit en bassins successifs plus ou moins marécageux. Le GR 10 en suit les bords parmi les pins, qui disparaissent un peu avant la

2 h • cabane d'Aygues-Cluses • 2 150 m

⌂

Abri possible pour 6 personnes, au bord du lac de Coueyla-Gran.

Bivouac possible.

Monter au Sud, puis au Sud-Ouest et passer entre les lacs de Madamète. Après un dernier lac non dénommé (2 469 m), on atteint le

㉑ **1 h 20 • col de Madamète • 2 509 m**

Situé entre les pics de Madamète et d'Estibère, ce col s'ouvre au Sud sur la région lacustre du Néouvielle. Le pic de Néouvielle et, au-delà, le pic Long présentent de belles pentes enneigées. Tout au fond le massif du mont Perdu (en Espagne).

▶ On entre dans la réserve naturelle de Néouvielle (**chiens interdits ; seul lieu de bivouac autorisé : la zone délimitée au pied de la digue du lac d'Aubert**).

IGN cartes n° 1747
1748
GR 10
GR 10 C
Variante non balisée
Hors GR
21
22
23
24
Col de Barèges
Pic de Tracens
Pic de Gourguet
Pic d'Astazou
Pic de Madaméte
Pic d'Estibère
Col de Madamète
Hourquette d'Aubert
Pic de la Mourèle
Crête d'Espade
Brèche de Chausenque
Pic de Néouvielle
Pic des Trois Conseillers
Lac de Cap de Long
Barrage
Lac d'Orédon
Lac d'Aubert
Lac d'Aumar
Col d'Aumar
Pic d'Aumar
Pic d'Anglade
Soum de Monpelat
Enclave de la Commune de Vielle-Aure
RÉSERVE NATURELLE DE NÉOUVIELLE
Lac de l'Oule
Col de Bastanet
Pic de Portarras
Pic de Bastan
Pic de Bastan d'Aulon
Refuge de Bastan
Col de Jétas
Montarrouyet
Montarrouyes
Cabane de Bastan
Crête de Gaoués-Blanques
Mgne d'Arrouye et de Bastanet
Pène Houssadet
Cap d'Estoudou
Pinède des Passades d'Aumar
Pinède de Loste
Sapinière de Baranette
Sapinière
Artigusse
D 929
D 177

Descendre par la rive droite du vallon, puis avant le Gourg de Rabas *(petit lac, 2 397 m)* obliquer sur la rive gauche et continuer de descendre parmi de gros blocs de granit et un peu plus bas parmi les pins multicentenaires (chose rare, en Europe, à 2 500 m d'altitude). La descente se termine sur les replats herbeux en vue du lac d'Aumar (un des plus harmonieux des Pyrénées). Le GR 10 longe la rive Ouest du lac d'Aumar et parvient à une

㉒ 45 mn • bifurcation • 2 192 m

Hors GR : 10 mn • zone de bivouac

▲

Se diriger à droite vers le lac d'Aubert.

Hors GR : 45 mn • Refuge d'Orédon • 1 856 m

⌂ *Aire de bivouac sur le bord du lac d'Orédon*

Rejoindre à droite la digue du lac d'Aubert puis descendre par le sentier des Laquettes (voir tracé en tirets sur la carte). Pour retrouver le GR 10, rejoindre la D 177 puis rapidement, à droite (Est), emprunter un sentier.

Continuer sur cette rive, passer à gué le déversoir naturel et après une maison, atteindre le pont du déversoir EDF. Le sentier continue entre la rive et la route et parvient à une

㉓ 15 mn • bifurcation • 2 203 m

Le GR 10 continue, dans la même direction (Est) sur des pelouses moutonnées. Dans la forêt des Passades d'Aumar, la sente se précise, descend à la fontaine de l'Ermite *(source, 2 130 m)* où s'amorce la montée au

1 h 10 • col d'Estoudou • 2 260 m

▶ En 40 min, à gauche (Nord) , on peut atteindre le sommet du Montpelat (2 474 m), belvédère de la région lacustre.

Descendre vers l'Est par des pelouses et la sapinière de Lude. La trace serpente entre des arbres, traverse une clairière et arrive au

1 h • lac de l'Oule • 1 821 m

Hors GR : 20 mn • Chalet-hôtel de l'Oule

⌂

Suivre à droite la rive Sud-Est, au-delà du barrage.

Le GR 10 se poursuit dans une région assez déserte, aux vastes horizons où le cheminement est rendu malaisé en cas de mauvais temps. Les "sorties de secours" seront indiquées. La première est le chemin bordant le lac. En le suivant à droite, on trouvera en 30 mn la route de Couplan qui mène à Aragnouet.

IGN cartes n° 1747
1748
Variante non balisée
Variante non balisée
Hors GR
GR 10
GR 10
GR 10
GR 10 C
PR
24
25
26
Pic de Portarras
Col de Bastanet
Pic de Bastan
Pic de Bastan d'Aulon
Auloueilh
Lac Supérieur
Refuge de Bastan
Lacs du Milieu
Lacs de Bastan
Lac Inférieur
Lacs de Bastanet
Pichaley
Col de Jétas
Montarrouyet
Cap d'Armade
Montarrouyes
Tour de l'Avays
Rabat
Sapinière d'Aulon
Aulon
Cap de Coumiroles
Cap de Pouy
Plo d'Escots
Cap de Pède
le Serre
Serre de Courteilles
Crête de la Soumaye
Col de Portet
Mgne d'Arrouye et de Bastanet
Graouès-Blanques
Lac de l'Oule
Ref. comm. de l'Oule
Commune de Vielle-Aure
Soum de Terre Nère
Mouscadés
Peyramède
Terre-Nère
Soulan
Crête de Coudé
St Lary Soulan le Bois
la Cabane
Estiouère
Pic Cabanou
Mgne de Sabourès
Pène Male
Crête de Hèche-Barrade
Mgne de Pène
Soum de Matte
Pène Houssadet
Artigusse
Casc. de Capèche
P. de Couplan
Cadeilhan-Trachère
Télécabine du Portet
Télécabine d'Espiaube
D 123
D 929
D 30
50
49
48
45

Au lac de l'Oule, le GR 10 part à gauche (Nord) et passe devant une antique cabane de lauzes *(abri précaire)*. Après le pont, derrière celle de la Lude *(fermée)* on prend, à gauche, une sente montant rapidement, puis à droite, un large sentier de transhumance qui traverse des pentes piquetées de vieux pins. A leur lisière, avant un rocher isolé et une source, s'engager à gauche sur le lacet du sentier montant au Nord au-dessus des pins. Un collet ouvre la perspective sur le vallon supérieur du Bastan. On laisse à gauche la cabane du même nom, occupée par un berger et on arrive à la

㉔ **1 h 15 • bifurcation du Bastan • 2 110 m**

▶ Jonction avec le GR 10 C qui permet de rejoindre la vallée de l'Adour à Artigues-de-Gripp. La description en est donnée plus loin. En suivant le GR 10 C, on atteint en 30 mn le refuge de Bastan de l'ASPTT (altitude 2 240 m).

▶ Depuis le refuge de Bastan, une variante non balisée et réservée aux randonneurs confirmés, permet en passant par le col de Bastan (2 481 m) de retrouver le GR 10 au Pla de Castillon (voir tracé en tirets).

Le GR 10 tourne à droite (Sud) et s'élève pour traverser des pentes de plus en plus raides (qui dominent de 300 m le lac de l'Oule). La draille, aux sentes multiples, demande quelque attention, si le sol est mouillé, lors de la traversée d'un petit ravin rocheux. Au bout d'une demi-heure, dans une longue courbe à gauche (Est), sur le rognon de Corneblanque, les pentes deviennent au contraire très douces. Le sentier, tracé sur les immenses pelouses d'Arrouye, se maintient sensiblement horizontal et croise plusieurs lignes de téléskis. Il tourne ensuite progressivement à droite (Sud), passe à gué deux ruisseaux puis monte sur la croupe que contourne une piste. Le sentier rejoint la piste et atteint le

1 h 30 • col de Portet • 2 215 m

⌂

Une route y accède, celle-ci pourra être utile au randonneur lorsque la visibilité est médiocre. Elle descend au village de Soulan en 2 h puis coupe deux fois le GR 10 au-dessus de Vielle-Aure.

㉕ Suivre à gauche le vieux chemin de transhumance qui atteint en quelques minutes la source de Santhous puis descend longuement à l'Est, en restant constamment à droite (Sud) de la crête. Souvent bien tracé, il descend régulièrement, rejoint presque la route puis se perd un peu sur des pelouses planes. Il se précise à nouveau, atteint, à 1 965 m, un col dont on laisse la vaste lande à gauche. La trace est ensuite très bien marquée durant la traversée de pelouses jusqu'à une

1 h • large croupe herbeuse • 1 900 m

Estarvielle · Armenteule · Loudenville · Aranvielle · Mont de Cazaux-Fréchet · S'Calixte · Cazaux Fréchet · Loudervielle

GR 10 · PR · GR 10.11 · Marianette Hors balisée

de Cazaux · Aneran-Camors · S' Marcial · Vielle-Loron · Villembits · Pouchergues · Adervielle · Génos · Val Louron · Betren

D 25 · Val de Génos · Castet · Loudenvielle · de Cadalis

Les Artigaus · Pepe Banque · D'AVAJAN · Col du Pla de la Seube · Cap de Boupillac · B. d'Artigues · Cap de Pouey · Cap de Pech · Crête de Calamagne · Cap de Payguère · Cap de Bariacaué · B. de Soulagnet · Nabias · Tuc de Labatbiere · Peyres Aubes · Tuc de la Boup · Tuc de la Couliere · Tuc de Cadalis

IGN cartes n° 1747-1847 · 1748-1848

Graitiem · Cap de Prat · Grés du Val · Crête de Courtiou · Saladou · B. de la Soula · R' de Peyres Aubes · la Hauboude · Arle de Houda · Grés de Coumet Col

Guchan · Campdiran · F de Bernisca · R' de Bernisca · Coume Escure · Estensan · Azet · Boursp · Autur · Sailhan · Ens · lac de la Coume · Bastère de Coudère

GR 10 · D 19 · D 929 · Vielle-Aure · Campouste · St Germain · St Lary Soulan · Vignec · Nestle · Conques de Brouca · les Arrious · Pic d'Urbin · Cap du Mont

Soulan · Cap de Pède · Pladène · Grés de Trauassère · Cadeilhan · Trachère · Vignec · Pic Lumière

GR 10 · PR

27 · 26 · 28 · 29

D 25

Le chemin n'est pas évident : la draille présente de nombreux bras. La meilleure sente est au milieu de cette croupe. La pente s'accentue *(la vue s'élargit sur la vallée d'Aure et, à gauche, sur le massif de l'Arbizon)*. Toujours au haut de la croupe, vers 1 700 m, un large sentier rejoint le GR 10 à gauche ; cependant la trace s'estompe encore sur les replats suivants, qu'on laisse un peu à droite ; il faut appuyer à droite pour traverser le replat le plus bas, appelé

㉖ **40 mn • Pla de Castillon • 1 606 m**

Situé au pied du cap de Pède (1 634 m), petite éminence toute proche qu'on aperçoit à l'Est. Source à même altitude, à 10 mn à l'Ouest. Bivouac possible.

Par la droite du cap de Pède (Est), le sentier descend franchement, rectiligne, et longe une clôture. Après un gué, emprunter, à droite, un chemin empierré que l'on abandonne au premier lacet ; s'engager alors, à gauche horizontalement. Un peu plus loin, entrer dans des taillis de noisetiers puis traverser des herbages en descendant un peu.

㉗ Par un brusque virage à droite, entrer dans la coudraie (taillis de noisetiers) où le sentier descend rapidement en de nombreux lacets. Couper deux fois la route.

▶ Le randonneur qui monte pourra suivre cette route quand le brouillard rend le cheminement incertain sur la crête.

Traverser le site de la mine de manganèse *(à visiter : les galeries de mines souterraines ainsi que le musée)* et parvenir à

2 h • Vielle-Aure • 800 m

🏨 ☕ 🍴 🛒 ℹ️ 🚌

Dans le village, le GR 10 franchit la Neste d'Aure, torrent aux eaux claires, favorable à la pêche et à la navigation sportive.

Après le pont, tourner à gauche, puis à droite dans le premier chemin. On coupe la N 129 et 200 m plus loin, on entre dans le village de

15 mn • Bourisp • 800 m

⛺

Eglise au clocher-tour roman, fresques du 16e siècle.

Hors GR : 15 mn • Sailhan

🏠

Suivre un PR indiqué en tirets sur la carte.

En haut du village (Sud), un bon sentier monte en dominant, à droite, le profond ravin de la Mousquère.

Depuis la création du Parc National des Pyrénées en 1967, la population d'isards est étudiée par les agents du parc dans ce formidable laboratoire grandeur nature que constitue un massif protégé.

Un comptage annuel est réalisé selon une méthodologie précise. Le comptage a lieu fin de printemps lorsque la plupart des petits sont nés. Ces comptages sont l'occasion d'observer l'état sanitaire des animaux, de faire le sexage si possible et d'estimer leur âge. Pour compléter ces informations, quelques animaux sont capturés pour noter le poids, l'âge, les mensurations, effectuer un examen vétérinaire puis une prise de sang. On vérifie ainsi l'état de santé d'une population à travers un échantillon d'individus. Lors de cette capture, les animaux sont marqués pour permettre un suivi.

On estimait à 1 300 individus la population d'isards à la création du Parc National des Pyrénées. L'effectif actuel est évalué à 5 000 têtes dans le parc et sa proche zone périphérique. Dans certaines vallées où l'isard avait presque disparu du fait de la chasse, les résultats sont impressionnants. En vallée de Luz, l'effectif est passé de 120 à plus de 1 000 têtes.

L'intérêt de ce suivi est de permettre l'évaluation d'une population d'isards non chassée depuis la création du Parc National. Une étude sur la mortalité de l'isard est conduite dans un secteur du parc. Elle montre bien notamment la prépondérance des rigueurs du climat hivernal sur les variations inter-annuelles d'effectif.

Le niveau atteint par l'effectif des isards ne sera probablement pas dépassé. Il est relativement stable depuis quelques années. On peut s'attendre à des fluctuations de faible ampleur relative inhérentes aux aléas climatiques, pathologiques. Selon certaines théories, il ne peut y avoir de population saine d'ongulés sans prédateurs. Mais on sait maintenant que, hormis les prédateurs, d'autres facteurs s'exercent sur les espèces herbivores et régulent leur effectif (disponibilité en nourriture, aléas climatiques...).

L'étude menée sur le Parc National des Pyrénées montre que la présence de prédateurs ou la chasse ne sont pas des nécessités vitales pour le maintien de l'espèce. Cette étude continue pour valider les résultats car trente années sont négligeables à l'échelle de l'évolution.

Franck Mabrut - PNP

Les isards dans le Parc National des Pyrénées

La vallée d'Aure

Du bassin de la Garonne à celui de l'Ebre, il n'y a pas de tracé plus court que celui utilisant le port du Rioumajou ou du port Bielh.

Aure d'hier et d'aujourd'hui

Ainsi, depuis la nuit des temps, que ce soit l'homme du paléolithique comme le Celte, le Romain, le Maure, tous passent des deux côtés de la chaîne. Au Moyen-Age, c'est le va-et-vient des hommes de guerre, des pèlerins, des jongleurs, des commerçants. En 1687, Daniel Defoe fait passer Robinson Crusoé par le port de Plan. A la fin de la royauté (1792), miquelets espagnols et milice française se combattent. 1938 voit l'exode dans la neige de la 43e division espagnole républicaine qui tenait la "poche de Bielsa". Pendant la guerre qui va suivre, les réseaux d'évasion utilisent ce passage vers l'Espagne pour les évadés, persécutés, soldats voulant encore combattre. Enfin, en 1976, un tunnel routier est percé.

Les chemins de l'histoire

La Ténarèse, voie protohistorique qui suivant la ligne de partage des eaux entre les bassins de l'Adour et de la Garonne, partait de la rive gauche de la Garonne, entre port Sainte-Marie et Aguillon (Lot-et-Garonne), traversait le Gers pour arriver dans le Haut-Aragon par le Rioumajou en passant par le port de Plan. L'intérêt de cette voie était de ne franchir qu'un seul gué, à Tramezaïgues en passant de la rive gauche à celle de droite.

Pompée, lui aussi, franchit la chaîne. Pour cela, il emprunte le port Bielh en créant un nouvel axe jusqu'à Tramezaïgues puis réutilise la Ténarèse jusqu'à Hêches pour partir ensuite plein Nord et rallier Auch. A la Barthe, cette voie coupait une autre voie romaine qui, elle, venait de Toulouse pour rejoindre Dax.

Aujourd'hui, la vallée d'Aure est devenue l'un des hauts lieux touristiques de la région, appréciée pour la beauté de ses sites naturels et la richesse de son patrimoine. En effet, depuis Sarrancolin jusqu'au plan d'Aragnouet, sur les deux rives de la Neste, Aure possède un nombre impressionnant d'églises du 10e au 13e siècle, de nombreux clochers-tours, des tours de guet, des vestiges de châteaux forts, de villes fortifiées qui sont des images vivantes de l'art des Maîtres Maçons et Charpentiers. Dans ces églises se trouvent des peintures monumentales, une statuaire impressionnante et émouvante du 10e au 18e siècle. A travers ces statues, nous retrouvons toute la ferveur valléenne pour Marie, mais aussi la pérégrination des Jacquets qui allaient à Saint-Jacques-de-Compostelle.

Jehan d'Aure.

69

IGN cartes 1747-1847 1748-1848

Comm
S. Ca
Cazaux-Fréche
Fréche
Estarvielle
PR
PR
Loudenvielle
Loudervielle
GR 10

Avajan
Vielle-Louron
Villembits
Pouchergues
Aubervielle
Genos
Bareilles
Berten

Cap de Bouplllac
Crête de Calmagne
Cap de Péguère
Cap de la Baricaué
Crête de Pénaubé
Crête de Labatiadère
Tuc de la Boup

Peyres Aubes
la Hauboude
Grès de Goudas
Crès de Touron
Tuc de la Couhère

GR 10
29

28
Estensan
Azet
D 225

Guchan
Camparan
Boutisp
Sailhan
Ens

Vielle-Aure
St-Lary
Soulan
Vignec
Nèste

27
Sarrancolin

26
Oulan
Cadeilhac
Trachère
Pic Lumière
Cap de Pède

Traverser Estansan ; à la sortie du village laisser à gauche la route D 225 et continuer sur l'étroite voie bitumée du hameau d'Autur, puis sur une coursière (sente) bordée de frênes qui monte au village d'

1 h 15 • Azet • 1 168 m

🏠 ⛺ 🍴

L'importance historique du village est attestée par les nombreuses constructions qui entourent l'église, à laquelle est accolée une «maison forte» dont la tour sert maintenant de clocher.

Contourner l'église et monter par la route du Louron qui joint Azet à Adervielle ; la suivre sur environ 300 m.

㉘ Emprunter à droite un large sentier en forte montée. Traverser vers le Sud-Est de longues pentes herbeuses parsemées de frênes et de granges ; on en côtoie quelques unes. Le GR 10 traverse la route (altitude 1 435 m environ) se rétrécit bientôt, passe le long de beaux abreuvoirs anciens au-dessus d'une dernière grange et se divise dans les pelouses. Rester à droite, en contre-haut de la route durant 15 mn environ. Après un passage boueux *(source)*, tandis que la route s'éloigne vers le Sud, monter toujours Est Sud-Est pour atteindre le tout proche

㉙ **1 h 30 • Couret de Latuhe • 1 586 m**

Hors GR : 1 h 20 • gîte d'étape d'Adervielle

🏠 ⛺

Du Couret de Latuhe part horizontalement à gauche (Nord-Est) un sentier qui descend à l'enclos des granges de Nabias et continue directement à travers bois jusqu'au village d'Adervielle et à la chapelle Saint-Eloi d'où, en descendant vers la Neste, on arrive au gîte d'étape. On peut rejoindre le GR 10 à Loudenvielle, 2,5 km, par la route.

Du Couret de Latuhe où l'on croise une piste, le GR 10 descend en appuyant vers la croupe de droite. Traverser la route Azet-Loudenvielle puis celle qui, à droite, conduit en 10 mn à la station de Val Louron (🍴). Après un replat, le GR 10 passe à droite d'un pointement rocheux isolé, descend durant 200 m dans les bruyères et emprunte vers la gauche la draille qui mène au mur de l'

30 mn • enclos des granges de Paulède • 1 380 m environ

Gouaux de Larboust

Ch.

Cap de la Croix

Col de Peyresourde

Cap de Montsarre

Col de Tarichac

les Agudes

Cap du Sarrat
1731

Bosc. 1658

Bre 1960

Pène de Montmédan
2025

Cap de Montcaup

Puy Ardoun
2310

Montségu

Col d'Esquierry

Chèvreure de la Madelhe

GR 10

Cap de la Pène

Pène de l'Auroise
Sendias

Boum de Soula

le Laouay

Cap de la Pène de Soulit

Aguodes

Cap des Hittes

le Boum Alesh

de Sadagouaus

Station

Cap de Salidère

Squarère de Balestas

Gte de Peyresourde Balestas

Cap de la Pène

Grange de Mouliau

Cap Bre des Pales

31

Pic de Brudaillet

Pic des Pichadères

Val d'Esquierry

Verdbt

Cie Autes

Germ

Gte de Coustajat
Peyresourde Balestas

Bedérèdes

Cap de Truquet
1793

Mine de l'Ourtiga

Col d'Ourtiga

Pène Cigalère

Crète de Pène de Bas

Crète des Pichadères

Pic des Pichadères

Aranvielle

Loudenvielle

GR 10

Gtes des Paillères

Granges d'Ourcélhats

Variante Val d'Aube non balisée

Gr d'Artiguelongue

Cap Nère

Cuy Nère

Montagne de Tramadits

les Bondettes

les Bains de Saussas

Bre de Labadé
1820

Fme de Prailhe

Nesle de Louron

Bourbon

Grges de Cagnabajou

les Bondettes

Val Louron

Bre de Tourrères

Fme d'Ouarat d'Argent

Cap de Pic de Caume Touloubous Rougeoaux

Pic des Litas

Pic de Bassias

GR 10

29

GR 10

Tuc de Peso Laithe

Tuc de Cadalis

Mine d'Ardounes

Crète de Sarroués

Pic d'Estos Pic de Bassias

Montagne de Sarroués

Pic d'Arrouyette

Grès de Courmet Col de Peyrefite

Le GR 10 descend à droite du mur bordé de grands frênes puis suit à gauche un chemin ; 400 m plus loin, suivre le sentier herbeux d'où l'on domine les villages et le lac du Louron. On descend par des lacets dans les herbes et les arbrisseaux jusqu'à un ruisseau. En le suivant dans les bois d'abord, puis dans un joli paysage bocager où il s'élargit, on longe un terrain de camping et par le pont du Prat sur la Neste du Louron, on entre dans le village de

50 mn • Loudenvielle • 970 m

🚆 🏠 🏕 🍺 🍴 🛒 ℹ️

▶ A 1 km au Nord : auberge des Isclots, dortoir de 20 places, chambres, repas.

> Nombreuses excursions dans la vallée du Louron où les minuscules villages possèdent presque tous leur église romane dont plusieurs recèlent des fresques anciennes.
> Les ascensions vers la chaîne frontière permettent de visiter les hauts vallons solitaires de Caillaouas, Pouchergues, Aygues Tortes, La Pez.

▶ A 3 km, toujours vers le Nord : gîte d'étape des "Amis de la Nature" à Adervielle et terrain de camping.

A Loudenvielle deux itinéraires sont possibles :
- Le GR 10 passant par Germ *(gîte d'étape)* et par les hauteurs de la rive droite du torrent d'Aube.
- Une variante non balisée passant par le pont des Hournets à emprunter au printemps ou par mauvais temps *(voir description page suivante)*.

Le GR 10 quitte Loudenvielle par l'Est ; à un carrefour avant la place de l'église, prendre un chemin devenant bientôt un sentier qui monte, en serpentant dans des pâturages et bosquets, au village de

1 h 10 • Germ • 1 339 m

🏠 🏕 *Auberge*

Voir dans l'église une statue de la Vierge typique de l'art pyrénéen.

Pour sortir du village, emprunter la route vers le Sud, sur 200 m environ *(face à l'auberge, remarquer le bâti d'une scie hydraulique)*.

㉚ S'engager à gauche dans un sentier qui grimpe. Après la montée raide qui rejoint une grange aménagée, le sentier rejoint la fin d'une large piste que l'on suit sur 200 m. S'engager dans le sentier piéton étroit qui s'amorce à gauche et continue en balcon sur de vastes pentes *(perspectives sur la vallée du Louron et les sommets de la chaîne centrale)*.

IGN carte n° 1848

GR 10
Val d'Esquierry
GR 10

Goulaux de Larboust

Cap du Sarrat
Cap de Montcaup

Mgne de l'Ourtiga

Montségu

Cap des Hittes

Cap de Bales

31

Pic de Brudaillet

Crête de Pène de Bas

Mgne des Pichadères
Pic des Pichadères

Pène de la Pène de Soulit

Cap de la Pène de Soulit

les Agudes

Cap de Peyresourde
Cap de Salidère
Cap des Autes

Cap de Tanachac

Pène de l'Aurose
Sendias

Gr de Bedérèdes
Germ
C

30

Loudenville
Aranvielle

GR 10
GR 10

Val d'Aube
GR 10

Cuy Nère

Nèste
Val Louron
de Louron

Val d'Oueil
Gr ges d'Artiguelongue

les Bordettes
les Bains de Saussas

Grge de Caphajou
Grge de Bourbon
Grge des Lilas

Pic des Bassias
Cap de Coume
Toudous Rougnoude
Pic de Sarrouyes

Montagne de Bramadits

Tuc de la Boup
29
GR 10
HtCS GR

Courmet Col
de Peyrefitte

Tuc de Bernadeu

Crête de Sarrouyes

Pic de Clabe
Pic d'Estos d'Arrouyette

Mgne d'Ardounes

Les pentes s'accusent ; traverser un raide couloir d'avalanche *(neige ou éboulis : à franchir avec précaution, si l'aménagement annuel du passage n'a pas été effectué et surtout quant le sol est humide).*

▶ Le randonneur peut revenir sur ses pas sur 1,5 km et descendre sur des pelouses vers la piste (venant de Germ) qu'il emprunte à gauche (Sud) jusqu'au pont de Hournets où il retrouve la variante.

Le GR 10 se rapproche du torrent vers l'altitude de 1 487 m où se trouvent une prise d'eau et une passerelle.

▶ A la descente, en cas de mauvais temps, utiliser la piste qui part de la prise d'eau et mène au pont des Hournets.

Le GR 10 reste sur la rive droite ; il s'élève jusqu'à un

③ **1 h 30 • vaste replat • 1 600 m environ**

Sur l'autre rive, on aperçoit la cabane de l'Ourtiga située sur un promontoire.

Variante non balisée pour rejoindre la cabane de l'Ourtiga

De Loudenvielle, emprunter vers le Sud la route D 25 sur 500 m ; après un pont (975 m), suivre à droite un chemin de chars bordé de grands arbres menant à l'usine électrique. Ce chemin coupe la route par deux fois, monte parmi les granges non loin de la Neste à droite, pendant 500 m, tourne à gauche (Est) et traverse la route à droite au pont des Chèvres (1 103 m).

▶ A droite, cabane pastorale *(abri sommaire).*

S'engager sur une large piste remontant la rive gauche du torrent d'Aube. Une usine hydroélectrique est établie sur celui-ci peut avant le

Pont des Hournets • 1 266 m

▶ Ici arrive une piste, venant de Germ, par la rive droite du torrent. On peut l'emprunter vers l'Est jusqu'à la prise d'eau (1 487 m) pour éviter le chemin de débardage.

La variante continue par un chemin de débardage dans la sapinière d'Aoubère et atteint une

Prise d'eau EDF • 1 487 m

▶ A cette altitude, sur la rive droite, passe le GR 10 venant de Germ. Une passerelle permet ici de le rejoindre si l'on ne veut pas monter à la cabane.

IGN carte n°.1848

La variante reste rive gauche et monte à la

2 h 30 • cabane de l'Ourtiga • 1 620 m

⌂

Redescendre un peu pour franchir le torrent à gué et retrouver, sur l'autre rive, le GR 10.

En cas de fortes eaux :

Descendre jusqu'au torrent, au Sud-Est de la cabane. Le gué est difficile par fortes eaux : il faudrait dans ce cas contourner largement par la droite et guéer successivement les quatre affluents. Après le dernier, jamais important, on retrouve les marques du balisage.

En sens inverse :

Le mauvais état du sol pourra inciter à descendre au pont des Hournets par la piste de rive droite.

En haut du vaste replat, le GR 10 longe un ruisselet qu'il franchit un peu plus loin : monter alors, entre deux ravins, sur une croupe herbeuse. Grimper ensuite, en obliquant vers la gauche jusqu'au pied d'escarpements rocheux. Le sentier devient presque horizontale et traverse le lit d'un torrent souvent à sec. Se diriger vers un col par une combe herbeuse qui se rétrécit progressivement ; le cheminement est aisé jusqu'au

1 h 40 • pas de Couret ou Couret d'Esquierry • 2 131 m

Passage très marqué entre le Montségu au Nord et le pic de Nère au Sud. Il fait communiquer les vallées de Louron et d'Oô.

▶ Au col, on peut trouver à droite, sur les pentes Sud, les marques d'un itinéraire qui conduit au refuge d'Espingo. Cet itinéraire présente des difficultés sérieuses et il est fortement déconseillé aux randonneurs de l'emprunter.

Descendre sur le versant Est du pas de Couret par une piste puis par un sentier à travers des éboulis et pâturages. Suivre le val d'Esquierry le long d'un ruisseau (on aperçoit deux cabanes pastorales sur la rive droite). Ce vallon est réputé pour sa flore. Vers 1 600 m d'altitude, on entre en forêt ; un sentier la traverse en décrivant de nombreux lacets. Atteindre le val d'Astau.

32 Franchir la Neste d'Oô sur le pont d'Astau, tourner à droite et emprunter la route jusqu'aux

2 h 15 • Granges d'Astau • 1 139 m

🏠 🏡 🍴 *(ravitaillement sommaire)*

Remonter la Neste d'Oô par un chemin muletier, aux nombreux lacets. On débouche sur le

1 h 15 • Lac d'Oô • 1 504 m

🏡 🍴

Lac naturel, belle cascade.

Suivre la rive Est du lac l'Oô puis s'élèver jusqu'à un

33 **1 h 30 • gros rocher • 1 910 m**

Cascade d'Oô. *Photo G. Mercier.*

Dénommé "paquet de tabac" situé au Nord du col d'Espingo (1 967 m).

Hors GR : 5 mn • refuge d'Espingo • 1 967 m

🏡

Point de départ de courses dans le massif occidental du Luchonnais.

Se diriger vers le Sud.

Le GR 10 tourne à gauche, à angle aigu, et grimpe Nord-Est jusqu'à la

1 h 15 • Hourquette des Hounts-Secs • 2 275 m

Le sentier monte et descend, en coupant des vallons, sous les faces Nord des pics de Coume Nère et de Subescale et atteint le

1 h 15 • col de la Coume de Bourg • 2 272 m

Hors GR : 30 mn • Pic de Céciré • 2 403 m

Se diriger vers le Nord-Est sur un sentier qui monte à ce magnifique belvédère qui fait découvrir toute la région.

Source thermale connue des Romains, Bagnères-de-Luchon affiche ses contrastes architecturaux entre le gros bourg pyrénéen aux rues lovées autour de son église, ses maisons à lucarnes et balcons festonnés de bois ouvragé, et l'urbanisme de la ville d'eau, à découvrir en parcourant les allées d'Etigny jusqu'aux thermes et ses villas nichées dans les parcs.

En 1760, le baron d'Etigny fit ouvrir les allées du village aux "baigneries", quatre rangs de tilleuls y furent plantés. Il fallut les faire garder par une compagnie de dragons pour en empêcher l'arrachage par les luchonnais expropriés.

Villa construite par Chambert sous Napoléon III. *Photo A.-F. Masai.*

Le Duc de Richelieu vint prendre les eaux de Luchon en 1763. La station thermale avait conquis la Cour et... ses lettres de noblesse. Bagnères-de-Luchon était née.

Pour avoir un aperçu de Bagnères-de-Luchon :
Partir de la place Joffre devant l'église vers le Sud par les allées d'Etigny jusqu'aux thermes de Chambert (architecte de ce bâtiment). Architecte néoclassique des années 1850 : le grand hall – voûtes et arcades – escaliers monumentaux méritent la visite *(ouvert le matin).*

Bagnères-de-Luchon

En remontant vers le bourg, à la naissance des allées, prendre à droite l'avenue Bonnemaison, traverser le cours des Quinconces pour rejoindre l'allée des bains et longer le parc du Casino en remontant vers le Nord le boulevard H.-de-Gorsse que borde la Pique.
Villas néoclassiques, chalets russes, maisons de style gothique anglais, architectures insolites se sont établies de part et d'autre du torrent.

Le casino, construit par l'architecte Castex en 1880, aménagé au cours du temps, est un espace de fêtes où les styles les plus contrastés se côtoient, des salles de jeux au restaurant, en passant par le petit théâtre : architecture éclectique, style renaissance, modern-style et inspiration mauresque.
Ces bâtiments publics, ces chalets, ces allées et parcs ombragés furent fréquentés au 19e siècle par la fleur de la littérature, de Victor Hugo à Flaubert, d'Alexandre Dumas à Jean Rostand.
Le boulevard H.-de-Gorsse s'achève à l'avenue de Montauban. Prendre à gauche le boulevard de Fontan puis remonter vers le Nord le boulevard du Général de Gaulle pour atteindre le quai de Letulle *(on retrouve le GR 10 pour aller vers Juzet de Luchon).*

Vielle-Aure. *Photo Morel / A DTHP.*

Hautes-Pyrénées
et Haute-Garonne
(Comminges)

"Province" ancien régime, la Bigorre est remplacée à la Révolution par les Hautes-Pyrénées. Bigorre, Baïgorri, le fleuve rouge : troublante permanence du langage basque dans la toponymie pyrénéenne ! Et nom bien mérité pour l'Adour – il s'agit de lui – quand il roule ses eaux boueuses à la fonte des neiges.

Nées d'un plissement au tertiaire, les Pyrénées, façonnées par l'érosion offrent une grande variété de paysages et de terroirs selon la nature des sols, l'exposition et l'altitude. La haute montagne reste le domaine des crêtes effilées, des lacs et des éboulis. L'étage moyen voit s'organiser le pastoralisme et la sylviculture tandis que le piémont et les coteaux s'adonnent à la polyculture. La plaine de l'Adour, quant à elle, développe la culture du maïs.

Dès le paléolithique des hommes laissent des traces de leur présence. Parmi celles-ci, la montagne a la part belle : grottes ornées de Gargas ou Esparros,

églises romanes comme celle de Luz, Vielle-Aure ou Azat, ouvrages militaires comme le château Sainte-Marie à Luz. Les plaines, moins à l'abri des destructions guerrières, plus ouvertes aux influences extérieures, conservent néanmoins à Lagarde le plus vaste et le mieux conservé des oppidum du Sud-Ouest et dans le Comminges les vestiges d'une grande métropole gallo-romaine doublée d'une petite cité médiévale : Saint-Bertrand.

Loin des grands centres urbains et des grands axes de circulation, les Hautes-Pyrénées ont connu pour des raisons militaires et grâce à l'hydroélectricité un développement industriel de la fin du 19e siècle à la seconde guerre mondiale. Depuis, le déclin est amorcé, faiblement compensé par le tourisme d'été et d'hiver, le thermalisme et surtout le pèlerinage à Lourdes. Aussi, la population du département a diminué et vieilli entre les deux derniers recensements. Verra-t-on à nouveau, comme au milieu du 19e siècle, une émigration massive de Bigourdans ? Ceux-ci partaient alors, souvent à pied, randonneurs au long cours, pour atteindre Bordeaux où ils s'embarquaient pour les Amériques.

Bernard Cazaubon

Bois d'Artigue

Cap de la Coume

Bne 1830

Cap de la Coume de Mourdère

B. de Grouns

599

D 27a

B. des Ayres

GRP Tour de l'Oueil-Larboust

B. du Plan de Sasset

Pont-Neuf

0.02 C

38

Artigue

1741 Cap de Courrau 1774

43

Poy

0.09 C

Salles-et-Pratviel

1224 Pyl

GR

Cap de la Pique de Plas

Cap de Salières

B. de Hourmentasse

0.06 C

Antignac

602

B. de Pan

Cabanes de Saunères

1255

St-Paul C d'Oueil

B. de Rame

Cap de la Montagnette

1708

B. de Ligarde

125

Gge de Caubet

Fne le Rubau

B. de Péchel

B. des Casses

0.15 C

0.03 C

Sode

1033

Gge de Labach

0.01 C

Saccourvielle

Sarrat d'Auédole

Moustajon

le Castech

37

Gge de Saerle

GRP Tour de l'Oueil-Larboust

DOM. COURVIELLE

FST DOM. DE MOUSTAJON

43

Juzet-de-Luchon

B. de la Jalette

Cape de la Pêne

Bne 1475

117 Pradets

625

Beauséjour St. Epur

Langlade

36

Gge de Medan

de Castel Blancat (Rne)

824

GRP

0.01 C

Trébons-de-Luchon

617

Bazus

636

Montauban-de-Luchon

1127

P. de Débach Pyl

0.02 C

42

0.5 C

Payssas D 618

Cazaril Laspènes

Aérod

Herran

Gges de Souère

L'One

35

Poste Electr

632

B. de Saerle

1142

Ce Electr

P. de Montespérou

3.6 CT

Bagnères-de-Luchon

Quincances

Herran

Gge de Coum

Fne Sourrouil

1071

St-Mamet

0.4 C

IGN carte n° 1848

B. de Hournot

1505

Cer de Coum

Grges de Gourron

1051

B. de Salage

Artigue

FORÊT DOMANIALE

Etabt Th Jal Chaumière

Beauregard

Bne 654

648

1211

Bois de la Réouère

Fne de Bellan

B. des Coumes

la Soulan

Electr

Oueil de Fonds de Burbe Hourtine

Sacoume

Bassin d'Arbesquens Télésiège du Lac

Superbagnères

Mais Forest

Castel-Vieil

777

914

F. DOM. DE ST-M.

1245

GR 10

Hors GR

D 46

Bne 1831 Table d'Orient

37

Vallon de Bu

34

Espone Egnes 1453

les Courbets

03

04

Gués

05

B. de Sésartigue

06

Crète de Courradilles

Plan du Lis

01

02

la Carrière

Nau Honts

825

P. de Lapade

Gué la Demeure de Venasque

1712

Bois

l'Ourson

1048

D 46

B. de

Fne des

B. de Bengue

S'engager (Est) dans un sentier *(source et cabane ruinée, à droite)* qui descend faiblement le long du versant du pic de Céciré ; on chemine ensuite sur une crête, jusqu'à une

③④ **1 h 30 • borne IGN • 1 831 m**

Poursuivre jusqu'à la table d'orientation, puis descendre vers Superbagnères.

> **Hors GR : 3 mn • hôtel de Superbagnères • 1 804 m**
>
> 🏠
>
> *Ouvert seulement en juillet-août. Station de sports d'hiver et d'été. Station supérieure du télécabine montant de Bagnères-de-Luchon.*
>
> **Hors GR (à l'est) : 1 h 30 • gîte *Skioura* • 700 m**
> Gagner le parking des Téchous et de là, descendre en lacets par le sentier n°6 pour arriver près de la tour de Castel-Vieil.
>
> **Hors GR : 1 h 30 • gîte *La Demeure de Venasque***
> Du parking des Téchous, prendre le sentier n°6, puis la route forestière (Sud) jusqu'au pont de Ravi.

Au carrefour avec la D 46, prendre à gauche le large chemin de terre jusqu'à une petite guérite de l'ancienne voie à crémaillère. Avant cette guérite, emprunter sur la gauche une petite sente qui, après un lacet à droite, s'élargit et ensuite vers le Nord rejoint la forêt ; après six lacets, on atteint l'ancienne halte d'Artigues-Ardoune. Le GR10 descend par de nombreux lacets direction Nord, en laissant à sa gauche la source des Pal-du-Mail. Par le chemin de Superbagnères, près du marché, entrer dans

2 h 30 • Bagnères-de-Luchon • 650 m

🏠 ⛺ ☕ 🍴 🛒 🚌 🚆

Station thermale.

Au débouché du chemin de Superbagnères, emprunter la rue Laity puis à droite l'avenue Jean-Jaurès. Longer la place du marché en direction de l'église, tourner à gauche devant le portail de l'église, suivre plein Nord l'avenue Maréchal-Foch.

③⑤ Tourner à droite au niveau du supermarché, juste avant le pont, et suivre le quai Letulle le long de l'One (rive droite). Au bout du quai, traverser le boulevard De Gaulle, passer rive gauche de l'One en suivant la rue Jean-Mermoz et rejoindre la D 46 en direction de Juzet-de-Luchon par le chemin de l'aérodrome, tourner à droite, suivre la D 46 qui traverse le village de Juzet-de-Luchon.

③⑥ Emprunter à droite un sentier qui coupe cinq fois la D 46 et la rejoint à 500 m de Sode.

GRP Tour du Cagire-Burat
IGN cartes nº 1847
1848
GR 10
Variante
38
39
40
41
42
43
PIC DE BURAT
PIC DE BACANÈRE
Pic de Palarquère
Pic de Sacaube
Pic d'Estagnous
Pic de la Hage
Pic de Maupas
Monte Umbré
Cap des Canaus
Col d'Escalot d'Aou
Col des Taons de Bacanère
Plan de Montmajou
Serrat de Créspés
F. DOM. D'ARTIGUE
Bois de l'Avédau
FORET DOMANIALE
DE MARIGNAC
Crête de Sarrat Médan
Soulan de Gourgué
Crête du Mall de l'Aigle
Crête des Estagnous
Col de Sacaube
Gouaux-de-Luchon
Cier-de-Luchon
Cazaux-Layrisse
Baren
Artigue
Salles-et-Pratviel
Antignac
Montmajou
Lège
Plan de Taxu
Toc des Trois Courets
Cabeza de la Agudas

㊲ Près de l'église s'engager à gauche dans le chemin de Salles et Praviel (balise n° 13) ; 500 m plus loin, laisser ce chemin qui descend à gauche vers Salles et poursuivre à droite dans le bois de Pan par un sentier qui traverse une ravine puis mène en de nombreux lacets au village d'

3 h • Artigue • 1 230 m

Derrière l'église, prendre un large chemin (Nord-Est) ; peu de temps après, on rencontre un ruisseau : obliquer à droite et longer celui-ci sur 200 m environ avant de le traverser. Le sentier monte au Nord, mais n'entre pas dans un bois ; il tourne à droite, à angle aigu, et décrit une courbe qui l'amène à l'orée du bois de l'Auédau.

㊳ Obliquer encore à droite (Sud) puis, en deux lacets, grimper à la

1 h 30 • cabane de Saunères • 1 660 m

Vue sur la chaîne des pics. Eau à 8 min, direction Est.

▶ Par brouillard, emprunter vers le Nord, au-dessus et à gauche de la cabane, une piste de plus en plus nette qui mène sans difficulté d'orientation sous le col de Peyrehitte.

㊴ Tourner à gauche, pour prendre la direction Nord-Est. Le sentier coupe la crête rocheuse de Crespés et se glisse (versant Nord) devant les rochers de Cigalères. On débouche au

1 h • col de Peyrahitta • 1 947 m

Deux cabanes (en-dessous du col, versant Sud) non figurées sur la carte et dénommées de Peyrahitta. La plus neuve est réservée au berger, l'autre restaurée. La frontière avec l'Espagne est tracée sur la crête toute proche.

Prendre à gauche un sentier (Nord) entre la crête frontière (à droite) et le bois d'Auédau à flanc gauche du plan de Montmajou. Peu après, on arrive à un

㊵ 10 mn • abreuvoir • 1 960 m

▶ Une variante à n'emprunter que par beau temps monte au pic de Bacanère (2 193 m) et permet de rejoindre en 1 h 30 l'étang du Dessus.

S'engager sur le sentier le plus à gauche (Nord-Ouest) qui descend à travers pelouses et bruyères presqu'à la cote 1 835 m environ *(cabane pastorale)*. Là emprunter un ancien chemin de mine qui remonte vers le Nord-Est pour couper la barre rocheuse du Mail de l'Aigle.

IGN cartes nº 1847-1947
GR 10
GRP
GRP Tour du Cagire-Burat
44
43
42
41
Variante
LA GARONNE
Fos
Melles
Serrèche
Artimédan
Guiaine
le Sérail
Arlos
Argut-Dessus
Argut-Dessous
Vielle
Pic de Sacaube
Col de Sacaube
Crête des Estagnous
Pic d'Estagnous
Pic de la Hage
PIC DE BURAT
PIC DE BACANÈRE
Pic de Palarquère
Cap des Piches
Pic du Pouch
Pic de Tucoulet
Artiguessans
Cabane d'Artigue
Cabane des Réchets
Val de Burat
Marignac
FORÊT DOMANIALE DE MARIGNAC
F. DE MARIGNAC
F. DOM. DE FOS
F. DE St BÉAT
Sahage
Col de Portet
Pic de l'Auech
Cap de la Pale du Broucau
Col d'Espone
Col de Toudouet
Pont du Roi
Pas de Bidauboux
Col Carrech
Pas de Trentenade
Tuc de la Goute
Monte Umbré
Cap des Canaus
Crête du Mail de l'Aigle
Pic de Maupas
Cap de Mont Sec
N 125
N 230
D 44E

Plus loin, on passe à gué plusieurs ruisselets, affluents du ruisseau de Sarrouègère. Le sentier oblique alors à droite *(en contrebas l'étang du Dessous)* ; on rencontre un abri de berger et, 250 m plus loin, le sentier ayant changé de direction, on passe à

1 h 30 • l'étang du Dessus • 2 018 m

④1 Monter direction Nord pour atteindre la

20 mn • crête de Cigalères • 2 093 m

On franchit cette crête au col d'Esclot d'Aou, situé entre le pic de Burat et le pic de la Hage. Le GR franchit un grillage disposé en chicane et descend rapidement vers le Nord ; un peu plus loin, il tourne à droite (Est) et se dirige vers l'étang de Saint-Béat (1 891 m).

④2 Descendre à gauche (Nord) sur le versant Est du pic de Burat ; le sentier oblique à droite *(source)* sur le versant Sud du pic de Palarquère. Peu après, le GR 10 atteint les

1 h • cabanes des Courraus • 1 586 m

Descendre, Sud-Est, vers un bois dans lequel on entre. Trente minutes après, dans une clairière, on découvre la cabane de l'Artigues *(aménagée, 4 places)*, *(source en contrebas)*. A 50 m à l'Est de la cabane le GR tourne à gauche (plein Nord). Il rejoint une route forestière peu avant le ruisseau de la Palanque. Le franchir et suivre le sentier le long de la rive gauche du ruisseau *(si ce sentier est encombré par des arbres, poursuivre par la piste)*. Rejoindre la piste près d'un pont et la couper plus loin à l'altitude 1 150 m. A l'altitude 1 100 m, bifurquer à gauche (Nord) par la route forestière. Franchir le ruisseau des Piches et, à l'altitude 1 050 m, prendre le chemin qui descend (Nord-Est), traverse une forêt de sapins et débouche dans la clairière d'Artiguessans près de la cabane d'Artiguessans (1 025 m).

④3 Tourner à droite (Sud) à angle aigu pour rejoindre le ruisseau de la Batch que l'on traverse. Attention ! A partir de cet endroit, le chemin est entièrement dallé et devient glissant et dangereux en permanence. Il est fortement conseillé d'utiliser un bâton.

Suivre le ruisseau vers l'aval et le franchir trois fois. Atteindre le dernier pont.

▶ En tournant à gauche, on peut atteindre Arlos.

㊹ Tourner à droite (Est), suivre la lisière de la forêt et descendre sur le bord du canal de la centrale d'Arlos. Franchir le pont et prendre le chemin (Est) qui mène à la N 125 à la hauteur d'un calvaire. Prendre à droite la N 125 vers Fos. Aux premières maisons, quitter la N 125 par la première rue à gauche qui passe sur le pont de la Garonne et conduit, au cœur du village, au gîte d'étape de

3 h • Fos • 544 m

🏠 🏠 人 ✕ 🚌

En quittant le gîte, monter à droite ver le lavoir et par un chemin piétonnier, rejoindre le carrefour de la N 125 et de la D 44b.

▶ Variante : possibilité de gagner Melles en 1 h en suivant la D 44b.

Continuer par la N 125 pour dépasser la butte du sérail par la gauche en passant le poste de douane. Après la butte, prendre à gauche le chemin forestier qui, par une large boucle, remonte vers le Nord puis l'Est pour rejoindre

1 h 15 • Melles • 719 m

🏠 ✕

Le GR se poursuit vers les Pyrénées ariégeoises. Consulter le topo-guide Pyrénées ariégeoises (réf. 1090).

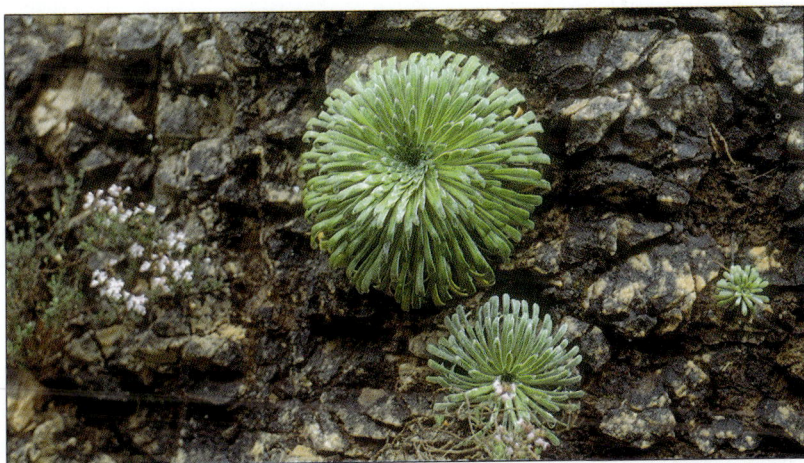

Saxifrage à longues feuilles. *Photo Ph. Barrere.*

IGN cartes n° 1747
1748

Le GR 10 C
du GR 10 (Oule-Bastanet) aux Artigues-de-Gripp

Cet itinéraire permet de rejoindre la vallée de l'Adour. L'itinéraire se déroule entièrement sur sentier de montagne, au-dessus de 1 200 m. Certains secteurs peuvent être enneigés tardivement. De chaque côté du col de Bastanet, il parcourt une région de lacs et de forêt clairsemée sur pelouses où les activités pastorales sont présentes. Un refuge équipe la montée sur chaque versant.

Bifurcation du Bastan • GR 10 C • 2 110 m

① En amont de la cabane pastorale du Bastan, le GR 10 C monte au Nord. Il longe bientôt par la droite le très joli lac Inférieur (2 141 m), premier de la série des lacs du Bastanet *(sites de camp itinérant)*. Laisser également, à gauche, le Laquet (2 197 m) puis le lac du Milieu, dominé à l'Est par la croupe boisée qui porte le

30 mn • refuge de Bastan dit de l'ASPTT • 2 240 m

🏠

Le GR 10 C monte doucement vers le lac Supérieur (2 260 m) sur les dernières pelouses propices au camping. Il s'insinue, après le passage du déversoir à gué, parmi de gros rochers annonçant la zone d'éboulis qu'il traversera en s'enfonçant dans le cirque sauvage du Bastan *(on se trouve dominé à droite par le Pichaley, séparé du pic de Bastan par le col du même nom)*. La crête s'abaisse à peine à gauche jusqu'au pic de Portarras, lui-même séparé du pic de Bastan par le col bien marqué de Bastanet, que le GR emprunte. Les derniers bouquets de pins s'accrochent à 2 400 m. Le sentier monte, parfois très raide, sur la pierraille et le rocher. On atteint ainsi le col ou Hourquette de Bastanet (2 507 m).

② Le GR descend, très rapide sur les croupes rocheuses ou herbeuses où le tracé peu net demande quelque attention. Il se précise au bord des lacs de la Hourquette (2 405 m) entre lesquels il s'insinue, ne laissant à gauche que le plus grand *(plusieurs sites de camp)*.

▶ A gauche également l'important sentier de la Hourquette de Caderolles, que les randonneurs allant dans l'autre sens pourraient être tentés de suivre par inadvertance.

La pente douce mène entre deux lacs jumeaux puis, plus rapide, au

1 h 45 • refuge de Campana • 2 225 m

🏠

Artigues
Camp la Libère
Cascades d'Arizes
Cascade du Garet
la Béziaou
Pla de las Penes
Cabanes de Tramazaygues
Barrage de Castillon
D 918
DOMAINE DE BAGNÈRES DE BIGORRE
la Mongie
GR 10 C
Serpolet
Cabane de Barasse
Tuhou Gran
Pic de Barasse
Pic de Pene Blanque
Pene Guilhemteste
Prade Verde
le Pain de Sucre
Lac de Caderolles ou de la Mane
Pene Arrouye
Pene Negre
Pic de Teste Guilhem
DES TERMES
Pic du Contade
Lac de Greziolles
Cabane des Greziolles
Lac Noir
Laquette de Greziolles
Refuge de Campana de Cloutou
Campana de Cloutou
Pic de Montarrouye
IGN cartes nº 1747 1748
Pic de Cloutou
Lac de Bastan ou de Port Bielh
Hourquette Bracque
Tuhou Arredoun
Col de Couradette
Hourquette Nère
Gourg Nère
Refuge de Port Bielh
Col de Bareges
Lac de Hourquette
Col de Bastanet
Col d'Aulon
Pic de Cettiou
Pic de Portarras
Pic de Bastan
Pic de Bastan d'Aulon
Auloue
Gourgue de Port Bielh
Lac de Gourguet
Lacs de Bastanet
Lac Supérieur
Variante non balisée
Pichaley
Refuge de Bastan
Lacs du Milieu
Enclave de la Commune de Vielle-Aure
NEOUVIELLE
Col de Jetas
Montarrouyet
Lacs de Bastan
Lac Inférieur
Cap d'Armade
Montarrouyes
Cabane de Bastan
Lac du Pe d'Estibère ou du Cascaret
Pic d'Anglade
Crête
1
2
3

Le GR descend rapidement, toujours vers le Nord, jusqu'au gué du réservoir EDF de Gréziolles qu'il longe par la droite, d'abord au ras des hautes eaux (2 115 m) puis en s'élevant sur une croupe et en redescendant au pied du barrage. Il descend encore jusqu'au réservoir des Laquets, qu'il côtoie longuement par la gauche pour passer entre

1 h • digue et bâtiment EDF • 2 041 m

Descendre rapidement sur des pâturages traversés d'une ligne de poteaux de bois dont on s'écartera peu durant plusieurs km. Ces vastes pâturages sont coupés à deux reprises par les escarpements des Passets où la roche, si elle est mouillée, exigera quelque attention. Dès après le second, atteindre une

③ **45 mn • Bifurcation • 1 680 m**

Le GR tourne à droite, descend rapidement, retrouve la ligne de poteaux et traverse le torrent du Garet sur une passerelle fermée pour éviter le passage des troupeaux.

Peu après, source de Milomés (mille mois), aménagée, qui doit son nom à sa réputation de ne tarir que tous les mille mois *(sur l'autre rive, cabane de Barassé, ouverte)*.

On traverse bientôt une vaste pelouse plane, le Plat de Garet *(source au Nord, sites de camp itinérant)* et, au collet suivant (1 559 m) on laisse un sentier, à gauche, descendant à la D 918. Le GR bien marqué descend en écharpe sur des pentes parfois glissantes, aux hounts de la Yègue *(sources de la Jument)*, de Margalit *(minuscule mais pérenne et fraîche)*, de la Béziaou. Il s'approche du Garet qui tombe, en vue du village, en une belle cascade. La descente rapide conduit le long de la cascade, par la rive boisée abrupte *(il y aurait danger à s'écarter à gauche)*, à une passerelle. Sur la rive gauche, on parcourt alors un replat herbeux jusqu'aux environs du hameau d'

1 h 15 • Artigues-de-Gripp • 1 200 m

🏠 🏨 ⛺ 🍴 🚌

Petite station estivale au pied du pic du Midi de Bigorre dont le panorama et l'observatoire sont justement célèbres.

Le GR 101
de Lourdes au col de Saucède

Lourdes • 375 m

🏠 ⛺ ☕ 🍴 🛒 ℹ️ 🚌 🚊

① Partir de l'Office de Tourisme ; emprunter la rue Baron-Duprat jusqu'au château-fort, puis la rue du Fort. Tourner à droite et descendre la rue de la Grotte. Suivre à gauche le gave, le traverser sur le pont de la Cité Saint-Pierre, passer près du parking des cars de l'Arrouza et longer des jardins familiaux, puis emprunter à droite une sente en sous-bois qui contourne le Béout. Rejoindre une petite route puis après la ferme de Coudet, prendre à droite un chemin qui mène à Ossen (🏠 🏠 🍴) traverser le village, un chemin mène rapidement à

1 h 15 • Segus • 570 m

Contourner l'église, suivre la petite route puis prendre à droite le beau chemin ombragé qui monte au

② **40 mn • carrefour du cap de la Serre (croix) • 727 m**

Fontaine.

Emprunter, en face, la piste sur 2 km.

Lourdes, "l'incontournable"

Que l'on y croit ou que l'on y croit pas, Lourdes a fait couler beaucoup d'eau bénite. Les «miracles» s'y succèdent depuis ce fameux 11 février 1858 où la vierge apparut à la très jeune Bernadette Soubirous. La grotte de Massabielle, autrefois perdue au bord du gave, reste l'ultime rendez-vous de millions de catholiques dans le monde. Ce village pyrénéen, niché au pied des pics du Jer et du Béout, s'est agrandi en une ville où l'on entend parler toutes les langues du monde. Les marchands de souvenirs font une première barrière non dénuée de pittoresque avant la visite des sanctuaires du domaine Notre-Dame. Mais le véritable miracle n'est-il pas de suivre les quelques cinq millions de visiteurs par an qui font du Lourdes actuel l'un des principaux centres de la spiritualité dans le monde ? Ville sainte, ville touristique, Lourdes mérite la visite des croyants comme des incroyants. Le château-fort de Lourdes abrite le musée Pyrénéen, intéressant résumé de l'histoire du pyrénéisme, de la vie bigourdane et béarnaise. Une magnifique statue dorée de saint Jacques de Compostelle vous attend dans la chapelle. A proximité, des balades, de préférence hors saison et des jours de pélerinages, sont agréables sur le sommet du pic du Jer *(panorama)*, la forêt de Subercarrère (le long du gave près de la grotte) et le lac de Lourdes.

Anne-Marie Minvielle.

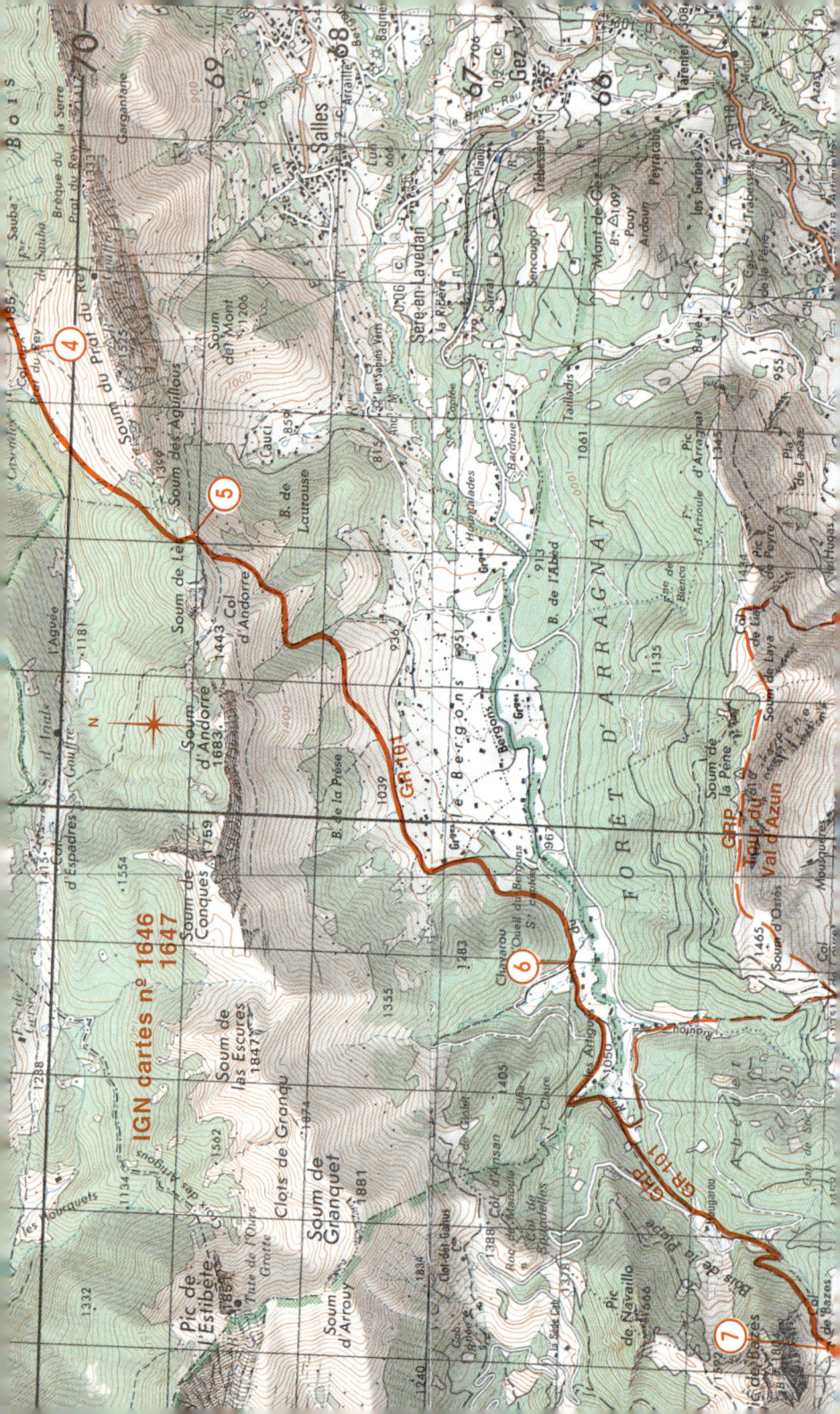

③ Prendre un sentier à doite puis après une longue montée atteindre le

④ **2 h 30 • col du Prat du Rey (pré du roi) • 1 185 m**

Abri, bivouac possible.

Continuer toujours dans la même direction, le GR suit la lisière de la forêt *(attention ! à droite, pentes très abruptes)*, pénétrer dans la forêt pour monter à l'

⑤ **1 h 15 • Escala du Prat du Rey • 1 400 m**

Descendre sur le versant Sud.

▶ Source à 5 mn, au Sud-Ouest. Après la source, 10 mn à l'Ouest, abri sommaire au col d'Andorre *(bivouac possible).*

Rejoindre une piste et la suivre jusqu'à un

45 mn • carrefour de pistes • 1 039 m

Continuer en face et avant une grange, prendre un sentier à droite ; on retrouve la piste.

⑥ La quitter à gauche pour s'engager dans un chemin carrossable, puis dans un sentier. Traverser une route et atteindre le

1 h 15 • gîte d'étape de Haugarou • 1 200 m

⌂ ☕

Suivre sur 100 m une piste (qui monte au col de Couraduque). La quitter à droite pour un sentier abrupte qui monte au

⑦ **1 h • col de Bazès • 1 509 m**

Bivouac possible.

▶ De ce col une variante non balisée *(en tiret sur la carte)* permet, par beau temps et pour randonneurs confirmés, d'éviter la piste empruntée par le GR jusqu'au col de Soulor.

Emprunter la piste qui contourne le pic de Cantau, on passe près du

IGN carte n° 1647

45 mn • lac de Soum • 1 530 m

Contourner le lac par le Nord pour atteindre le col de Soum (1 532 m) et suivre la piste sur 3 km jusqu'au

45 mn • col du Soulor • 1 474 m

☕ ✗

Venant d'Arrens, la route touristique du col de l'Aubisque emprunte ce col. Vente de fromages du pays.

Traverser la route, un chemin vers le Sud permet de rejoindre le

⑧ **20 mn • col de Saucède**

▶ Jonction avec le GR 10. Pour rejoindre Arrens, emprunter le GR 10 à gauche (Est), 50 m avant le col.

En empruntant le col, on entre dans les Pyrénées Atlantiques.

Au col de Saucède. *Photo S. Lemur*

Les touristes qui remontent la vallée d'Azun, d'Argelès-Gazost à Arrens, par la N 618 trouveront au village d'Aucun l'intéressant musée d'ethnologie rurale du Lavedan. Les collections, réunies par les soins d'un ancien berger amoureux de son terroir, offrent un panorama complet de la vie rurale d'autrefois dans cette vallée. On pourra observer l'ensemble des ustensiles utilisés pour travailler la laine des brebis, depuis l'estalhans, le ciseau de tonte, jusqu'au débadé, le dévidoir à laine, fait de branches entrecroisées, en passant par les admirables quenouilles sculptées. Certains de ces objets sont d'une grande simplicité : le landéra, par exemple, bâtonnet formé d'une jeune tige de sapin sur laquelle on a laissé les branches en forme de croc et d'une

Les collections du berger

rigueur toute fonctionnelle, servait pour remuer le lait caillé. A côté de cela, la penté dé clé, la lisse du métier à tisser, avec ses dizaines de lames en écorce de roseau portées par un cadre de bois, fera l'admiration des spécialistes. On découvrira avec surprise les abris de bergers, sortes de caisses-cercueils où les pâtres s'abritaient les nuits d'été contre l'attaque des loups.

Extrait de
Visages de la campagne française.
Sélection du Reader's Digest.

A gauche : Berger et ses moutons. *Photo E. Follet.*
A droite : Val d'Azun, grange. *Photo S. Lemur.*

Variante

GRP

Soum de
la Pène

18

Soum de Lia

Soum de Laya

1434

Pic
de Peyre

955

Cap
de la Pène

Arriguettes

les Gerbes

Peyracabe

Ardoun

Bayle

les Trabesses

1

1675

Arras-en-Lavedan

0,4 C

Caussariou

0,13

Dela du Pont

Caussio

Pic
d'Arrioule

Pic
d'Arragnat

1345

Pla
de Lacaze

les Hugas

les
Artassets

Sausset

728

Cave

556

Soum d'Ostès

1465

Col
de Couret

Mousqueres

Arnautots

1097

1818

Buala

Ene
d'Anisous

Arcizans-Dessus

0,09 C

865

Nouaux

658

685

B. de la Coste

Biellembits

1036

S.
de Tailladis

1311

Lachouse

Gaillagos

0:09 C

D. 104

les Prats
Dors

P. de
Gaillagos

Cazayous

815

les Poueyes

Bun

0-1 C

758

Sireix
C

Susaquet

Artigaus

0:09 C

847

Aucun
CT

0,15

C Electr.

842

Bazaillac

Berganton

Terre 'Nère

R voir

Caillabets

Grge

B. de la Coste

1491

l'Aussère

1564

Turon
de Ben

la F.
de Guignou

GRP du Val d'Azun

le Barraquet

852

Carasse

Clarabanch

1127

Bois de
la Curadère

1519

Hount du Beire

1617

1743

B

les Tucoyes
1809

PR

1067

GR-10

St. Pomp.

Pic de Pan

1461

Col
es Bordères

1522

Pic
Arrouy

1460

Artigouret

Cap de
Pène Rouye

1345

le Barbayat

Mieyr

Arribancle

Pic d'Eau

3

D. 103

Cacaux

Labat d'Aucun

970

B. de la Tasque

1350

de Banciole

Pyl

Pic Arraillé
2018

Pic
du Cabaliros

6

30

22

1509

eielde

Estaing

0.08 C

Labat de Bun

B. de Castel
Merdet

1713

31

1004
les Bas
Houeyries

Puyos

32

1753

33

2000

34

2200

le Malinat

Couy

35

GR 10

5

4

Cradey

Mijous

GRP

de Bergouey

B. de
Bergouey

1711

Tuc
d'Anapépu

2093

Lac
d'Anapépu

les Colonies

GR-10

Viellette

2251

220

Tuc
de Labasse

Col de Contente

1666

56

Bois de

Soum
de Picarre

2307

Arriaba

Serre du C

IGN carte nº 1647

GR de Pays
Tour du Val d'Azun

Le tour du Val d'Azun peut se réaliser en cinq étapes. Parcours typique de moyenne montagne, ce circuit est accessible à tous les randonneurs moyennement entraînés, particulièrement aux familles. L'itinéraire est sauvage et discret, mais les villages ne sont jamais loin, ce qui rend aisées les possibilités de repli.

Arras-en-Lavedan • 675 m

🏠 🏕 🍴 🛒

① Rejoindre l'église ; passer sous le porche, franchir la porte et emprunter le chemin herbeux qui descend et rejoint la D 103 ; la suivre à droite sur 250 mètres puis la quitter pour un petit sentier à gauche qui descend en contrebas de la route. Traverser le Gave et remonter jusqu'à une route ; la couper et poursuivre en face. Retrouver la route de Sireix et la suivre à droite jusqu'au village de

1 h 10 • Sireix • 811 m

Emprunter sur environ 100 m la route qui monte au milieu du village.

② Dans le village, s'engager à gauche sur une route. Au bout de celle-ci, un sentier part à droite ; l'emprunter jusqu'au

③ 1 h 20 • ruisseau d'Arribancie • 1 000 m

Dix minutes après, prendre à droite un sentier qui descend. Continuer à flanc et déboucher sur un terrain découvert. Rejoindre une haie de noisetiers qui borde le sentier. Monter (clôture), puis traverser le ruisseau de Larrode. S'engager en face dans les noisetiers. Plus loin, bifurquer à gauche puis tout de suite à droite ; traverser le ruisseau de Bergouey. Continuer sur le chemin bordé de hêtres et, 10 m avant de déboucher sur une prairie de fauche, remonter sur la gauche pour rattraper le sentier (bordé de hêtres). Plus loin on débouche sur une lande à callune (bruyère). Continuer à flanc, laisser une grange en contrebas, puis traverser le chemin bordé de hêtres. Franchir plusieurs ruisseaux, puis descendre. Traverser le ruisseau de Laür, remonter légèrement, puis descendre au hameau

2 h 15 • Les Viellettes • 1 071 m

🏠

▶ Village d'Estaing à 15 mn, lac d'Estaing à 30 mn par le GR 10.

Emprunter la D 103 en direction d'Argelès-Gazost. Traverser à gauche le

15 mn • pont de Miaous • 1 031 m

④ S'engager, en face du pont, dans un chemin bordé de noisetiers et de sureaux. Puis s'engager à gauche dans un sentier bordé de murets, en laissant sur sa gauche la grange Cradey. Continuer à monter en laissant le ruisseau à sa gauche dans un sous-bois de noisetiers.

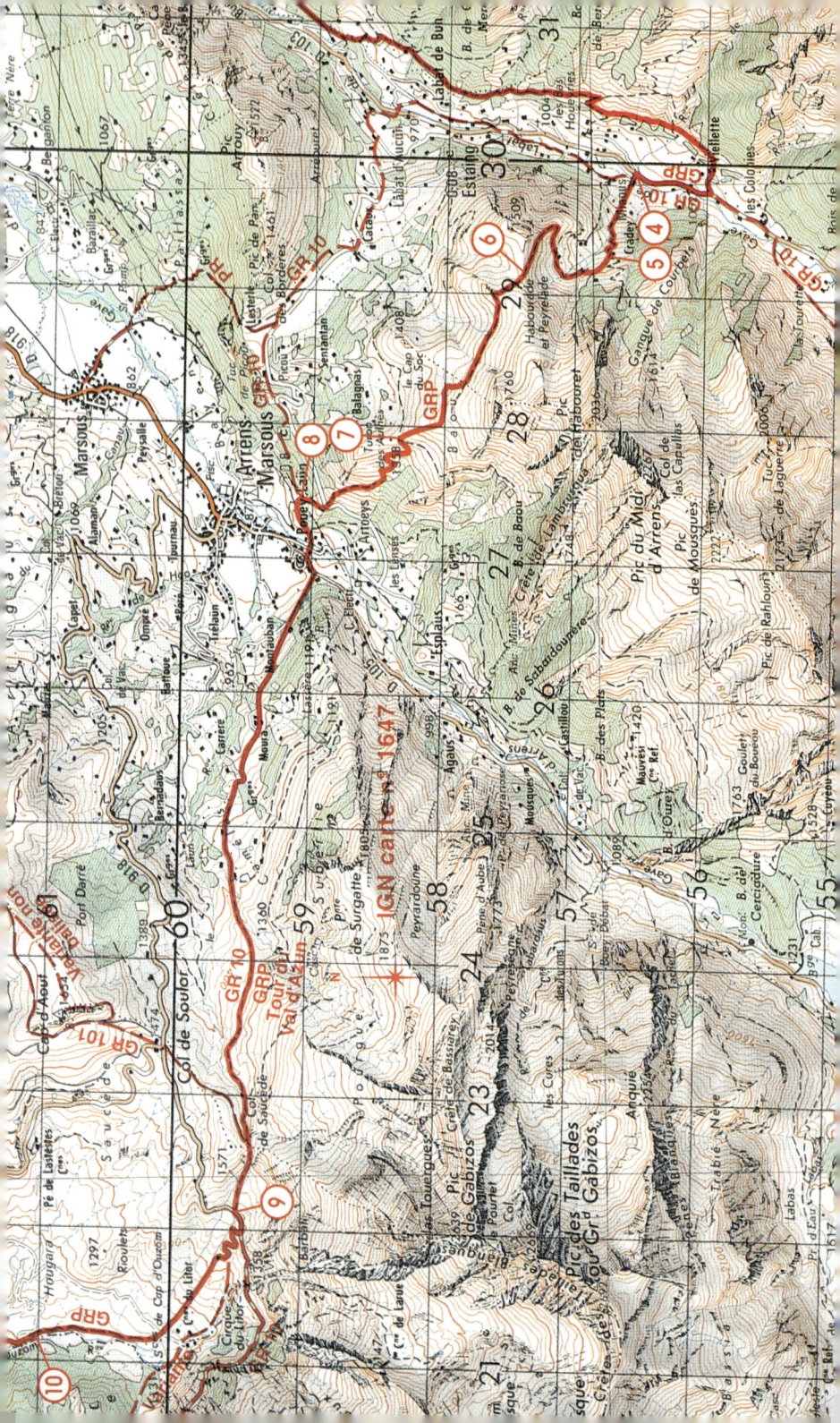

On aperçoit, plus haut et à droite, des granges au toit d'ardoise. Poursuivre toujours dans la même direction. Plus haut, une barrière bouche le passage. L'éviter en prenant à gauche, dans le lit du ruisseau. Peu après, traverser le ruisseau des Boussus et emprunter le sentier qui monte à gauche jusqu'à la

45 mn • grange d'Artigalas

⑤ Emprunter à droite le sentier qui passe au-dessus d'une vieille fontaine. Environ 10 mn après, arriver à un croisement. Atteindre un petit plateau découvert pour traverser ensuite le ruisseau des Boussus. L'itinéraire contourne ensuite la longue prairie bordée de frênes. Se diriger vers une cabane et une grange en ruines. Prendre le sentier derrière la cabane qui monte droit puis vire à gauche pour arriver au

⑥ 1 h 10 • col de la Courbe • 1 464 m

S'élever très légèrement sur le flanc gauche en direction de la cabane du col du Courbet (1 529 m). Descendre à travers la pelouse et trouver le sentier *(source)*. Après environ 15 mn, continuer à descendre dans la même direction *(bien suivre le balisage)*. Prendre une sente de brebis qui mène à un sentier bordé d'un muret de pierres sèches ; remonter jusqu'au

1 h 10 • Turon des Aulhes • 1 358 m

▶ Panorama sur la vallée, en suivant la crête 5 mn.

⑦ Prendre dans la pente un vague sentier en lacets *(bien suivre le balisage)*. Se diriger vers un hêtre isolé, puis un bouleau. Continuer à descendre vers la droite (zone marécageuse). Retrouver bientôt un bon sentier ; le suivre jusqu'à la route du col des Bordères ; la traverser et continuer la descente. Le quitter bientôt pour descendre à travers une prairie dégradée et rejoindre le GR 10.

⑧ Suivre à gauche le balisage blanc-rouge du GR 10 et atteindre le vieux pont de Labadé, puis gagner le village d'

1 h 10 • Arrens-Marsous • 878 m

🏨 🏠 ⛺ ☕ 🍴 🛒 ℹ️ 🚌

Avant la chapelle de Pouey Laün, prendre la D 105 à gauche puis, peu après, quitter la route pour un chemin à droite. Passer à la ferme de Moura. Plus étroit au-delà, le GR 10, d'une rive à l'autre, suit un éperon qui va en s'élargissant, longe un petit vallon marécageux, traverse des balcons herbeux. Il change de rive et passe à gauche d'une cabane en ruine, sous le

2 h 20 • col de Saucède • 1 525 m

▶ Jonction avec les GR 10 et 101

Hors GR : col du Soulor • 1 474 m

☕ 🍴

GRP Tour du Val d'Azun
GR 101
GR 10
Variante
Variante non balisée
PR
IGN carte n° 1647
Arbéost
Labiste
Cuyaubère
Barri
Cap de Lascoutos
Harnassat
les Cassies
Pic de Bazès
Col de Bazès
Soum de Berducou
Col de Berbeillet
Pic de Berbeillet
Pic de Cantau
Pic de Sausse
Col de la Serre
Col de Couraduque
Col de Couret
Gélous
Crête de Caubère
Col de Soum
Col de Mauben
Cap d'Aout
Port Darré
Col de Soulor
Col de Saucède
Cirque du Litor
Couret d'Arbaze
Hougara
Pé de Lastestes
Rioulets
Marsous
Arrens-Marsous
Pouey-Laün
Pic de la Latte de Bazen
12
13
14
11
15
10
9
8
16
17

Poursuivre sur le GR 10 jusqu'à la route Soulor-Aubisque.

⑨ Un peu en contrebas de la route, une piste mène à la cabane de Bettorte. Descendre sur la rive gauche du ruisseau jusqu'aux cabanes du Litor. Traverser une piste pastorale pour se diriger à l'Ouest vers le torrent. Le plateau se traverse en longeant la rive droite de l'Ouzoum. Une piste amène au point de captation d'une micro-centrale hydro-électrique (1 050 m).

⑩ En aval de la centrale, continuer sur le chemin qui reste un grand moment à plat. Avant qu'elle ne redescende, prendre à droite un sentier qui mène après une montée puis un plat à un abreuvoir cimenté (1 020 m).

⑪ Prendre à gauche le chemin ; il borde un plateau avec prairies de fauche et granges. Bifurquer à droite entre des buis et arriver près d'une maison où l'on retrouve une route. L'emprunter sur 300 mètres et, à la première bifurcation, tourner à gauche. Avant une cour de ferme le sentier part à gauche, croise à nouveau une route un peu plus bas, pour continuer au bord du ruisseau. Descendre ensuite quelques instants sur la route puis emprunter à gauche un petit sentier conduisant à

2 h 30 • Arbéost

⌂

⑫ Sur la D 128, après l'école, le sentier démarre à droite et monte assez raide dans la forêt.

⑬ A la sortie de celle-ci, une sente en prairie puis sous noisetiers mène à une route. La prendre sur 300 mètres pour atteindre le

1 h 15 mn • col de la Serre • 1 118 m

⑭ Suivre un chemin de terre à droite qui conduit toute crête à un croisement. Prendre à gauche le chemin qui part à flanc. Avant une grange, après un bloc de pierre blanc, emprunter à droite un sentier qui s'élève au-dessus des granges.

La flore de la montagne pyrénéenne est extrêmement riche et présente une étonnante diversité. Plus de 1800 espèces de plantes à fleurs ont été dénombrées dans le seul département des Hautes-Pyrénées dont plus de 150 sont des espèces "endémiques", c'est-à-dire propres à ces montagnes.

Les forêts occupent l'étage montagnard entre 800 et 1800 mètres d'altitude : forêts de *hêtres* et de conifères, *sapins, épicéas, pins sylvestres*, enfin *pins à crochets* qui peuvent grimper jusqu'à 2 500 mètres (région du Néouvielle). Les quelques *mélèzes*, à feuilles caduques, que l'on rencontre ont été introduits récemment par l'homme.

Des taillis de noisetiers bordent le GR 10 dans les vallées ; quelquefois un *bouleau blanc* au tronc argenté, un *frêne* à la feuille composée ou un *sorbier* qui donnera à la fin de l'été des grappes de baies rouges se rencontrent çà et là ou encore quelques buissons de *buis toujours vert* à la feuille vernissée.

La flore change au fil des saisons. Le bleu clair de l'*hépatique trilobe* précède le printemps en quelques lieux ensoleillés. La gracieuse *soldanell*e, l'*anémone printanière*, la *renoncule blanche des Pyrénées* puis l'*ériythrone dent-de-chien* aux feuilles tachetées de noir se hâtent de décorer les prairies que la neige vient d'abandonner. C'est l'époque des *primevères roses* en plaques sur les rochers, des *primevères jaunes* à grandes feuilles et des graciles *primevères farineuses* qui disputent les lieux humides à la *grassette* à fleur violette.

La flore

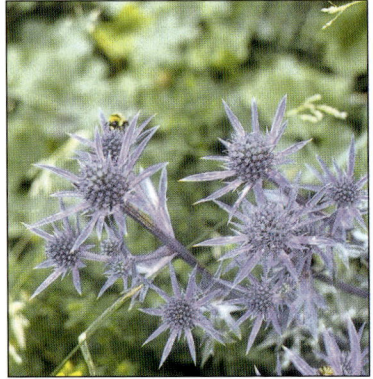

Chardons bleus. *Photo G. Mercier.*

Les clochettes inégales de toute la gamme des *gentianes bleues* percent un gazon encore ras.

Le *saxifrage à feuilles opposées* étale ses grappes de fleurs pourprées sur les rochers, la *grégoria* dorée et les *scilles* bleues précèdent la floraison des *jonquilles* qui envahissent les pâturages au mois de mai. Le lit des torrents se pare des grosses touffes jaunes du *caltha des marais*, de la *cardamine à larges feuilles*, de l'*adénostyle à tête blanche* ou encore du *saxifrage aquatique* propre aux Pyrénées.

Enfin, les zones marécageuses se piqueront des petites houppes blanches et cotonneuses des *linaigrettes*.

On rencontre aussi le *daphné bois gentil* qui fleurit avant que n'apparaissent les feuilles, le *daphné camélée* embaume l'atmosphère ; les coussins de *silène acaule* décorent les rochers. les prairies deviennent multicolores : *renoncules, géraniums, lychnis, ancolies, pavots du pays de Galle, benoites des montagnes, fritillaires des Pyrénées...* mais aussi *angéliques* et *berces* aux feuilles énormes.

Le sentier serpente fréquemment entre les touffes de *rhododendrons* aux fleurs roses, les buissons de *genévriers* ou encore ceux de *bruyères arborescentes* aux fleurs blanches.

Au début de l'été apparaît sur les rochers la fameuse *ramondia des Pyrénées*, les clochettes pourpres de la *digitale*, l'*églantine des Alpes*, puis, dans les pâturages, les grappes bleues ou jaunes des *aconits* à la racine vénéneuse et que délaissent les troupeaux.

Les pentes herbeuses se couvent d'*asphodèles blancs*, d'*iris* violets. La rosette du *saxifrage à longues feuilles* s'accroche aux escarpements les plus inaccessibles et dresse sa belle hampe de fleurs blanches.

L'œil averti découvrira peut-être la *dioscorée des Pyrénées*, l'*edelweiss*, la *dryade à huit pétales*, la *violette à fleur double* (qui est jaune), peut-être même le superbe *lys jaune des Pyrénées* ou le rarissime *pavot parfumé*, à la délicate fleur orangée et, dans une infractuosité de rochers, une petite plaque d'*androsace* rose ou blanche ; l'*arnica orange*, le *doronic* jaune, l'*aster violet* poussent çà et là dans les pelouses et entre les rochers, de même que

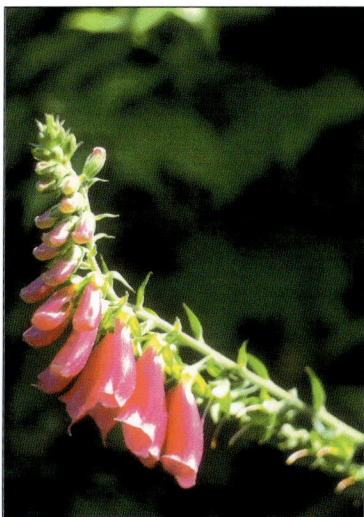

Digitale. *Photo G. Mercier.*

les petits pompons roses de l'*armeria*.

Le chardon *carline des Pyrénées* est fréquent dans les éboulis avec le *crépis nain*, la *linaire des Alpes*, la *violette de Lapeyrouse* ou l'*iberis spatulé*.

En altitude, on découvre avec ravissement le *saxifrage d'Irat* et la *renoncule des glaciers* jusqu'à plus de 3 000 mètres.

Enfin, un jour apparaîtra dans les pâturages le premier *merendera* ou *colchique des Pyrénées* dont la fleur en étoile violacée jaillit directement du sol.

Alors c'est l'automne. Bientôt les troupeaux quitteront les pâturages et... ce sera l'hiver.

Pierre Richelle
Docteur vétérinaire.

GR 101
GRP
Tour du Val d'Azun
Variante
Hors GR
IGN carte n° 1647
1
2
15
16
17
18
FORÊT D'ARRAGNAT
Arras-en-Lavedan
Arcizans-Dessus
Gaillagos
Aucun
Marsous
Bun
Sireix
Col de Liar
Soum de Laya
Soum de la Pène
Soum d'Ostès
Col de Couret
Col de Bazes
Pic de Bazès
Pic de Navaillo
Col de Berbeillet
Pic de Berbeillet
Pic de Cantau
Col de Soum
Lac de Soum
Pic de Sausse
Pic d'Arragnat
Pic de Peyre
Pla de Lacaze
Col de la Serre
Col de Couraduque
Crête de Caubère
Col d'Ansan
Col de Spandelles
Bergons
Chavarou
B. de l'Abèd
Bois de la Plape
Les Arrigues
Mousquères
Arnautots
Gélous
Les Prats Dors
Les Pouèyes
Berganton
Bois de
D. 918
D. 104
D. 103
D. 13

Après avoir traversé des zones marécageuses et des ruisseaux asséchés l'été, atteindre le ruisseau du Lanet ; le remonter rive droite. On aperçoit la piste de ski de fond qui part du Soulor pour rejoindre le

1 h 40 • lac de Soum • 1 520 m

▶ Jonction avec le GR 101.

⑮ Près d'une plantation grillagée prendre la piste qui démarre à gauche *(balisage blanc-rouge)* et conduit à l'abri de Cantau. Suivre la piste sur la gauche jusqu'au col de Bazès. Descendre par un sentier au

2 h 05 • gîte d'étape de Haugarou • 1 215 m

Quitter Haugarou par le bas, traverser la route forestière et descendre le long du gave de Bergons. Parvenir à une bifurcation, laisser le GR® 101.

⑯ Suivre à droite le balisage jaune-rouge : franchir un petit pont sur le Bergons. On débouche sur la route forestière ; l'emprunter sur 500 m jusqu'au pont de Rioutou.

⑰ Monter par un sentier dans un pâturage en direction d'une grange (située en bordure de forêt). Un bon sentier conduit au

1 h 35 • col de Couret • 1 351 m

▶ *Du col, possibilité pour les personnes sujettes au vertige d'éviter le cheminement en crête en empruntant à gauche une variante.*

Prendre une sente à gauche vers le Soum d'Ostes *(éviter de prendre trop à gauche)*. Cette partie de l'itinéraire suit une arête calcaire peu difficile mais cependant impressionnante par endroits. Une sente suit le fil de la crête *(on observe à gauche la vallée du Bergons et, à droite, le val d'Azun)*. Passer au Soum de la Pene. Suivre toujours la crête. Cinq minutes après le sommet, on franchit un petit col. Contourner par la droite un éperon rocheux, descendre dans une combe herbeuse, puis reprendre la direction Est pour arriver à un abreuvoir et au

1 h 40 • col de Liar • 1 348 m

⑱ Prendre à droite un sentier de transhumance. Pus bas, 20 m après un abreuvoir, rejoindre une piste et la suivre à gauche ; poursuivre à flanc. Dans un lacet en épingle, laisser la piste à droite et continuer en face le sentier qui descend. Rejoindre un chemin et le suivre à gauche jusqu'à une route.

La suivre à gauche sur 750 m puis emprunter à droite une piste empierrée qui descend. Dans un lacet, à hauteur d'une grange, quitter cette piste pour un vieux sentier à gauche qui descend sur

2 h 35 • Arras-en-Lavedan • 675 m

Index des noms de lieux

3e édition : août 2002
Auteur : FFRP-CNSGR
© FFRP-CNSGR 2002 - ISBN 2-85-699-900-X © IGN 2002
Dépôt légal : Août   2002
Compogravure : Euronumérique
Impression : Aubin Imprimeur - Ligugé, Poitiers